KAWADE
夢文庫

JR中央本線 知らなかった凄い話

小林拓矢

河出書房新社

中央本線には、日本の鉄道の魅力が凝縮されている！◉はじめに

このたびは、本書を手に取っていただきありがとうございます。

「中央線」という路線名を、東京都在住の人はよく使います。また、日々の通勤・通学や用事などで利用する人も多くいます。東京駅から高尾駅までの区間については、地域性の豊かさや、沿線に住む人の個性、独自の文化などについて、さまざまなことが語られます。

いっぽう、この路線を「中央線」と呼ぶ人は、山梨県や長野県、あるいは岐阜県や愛知県などにもいます。正式には「中央本線」であり、東京から長野県の塩尻(しおじり)を経由して名古屋に向かう路線だからです（正確には、東京〜神田、代々木〜新宿は中央本線となっていません。その理由は本文をお読みください）。「中央本線」の「本」を略しているのです。一般のメディアでもそのように呼びます。

本書では、そんな「中央本線」について、興味深い話を取りあげていきます。

「中央本線」は、東京から塩尻までの「中央東線」と、塩尻から名古屋までの「中央西線」に分けることができます。「中央東線」と呼ばれる区間には、岡谷(おかや)〜辰野(たつの)

～塩尻間の「辰野支線」も含めます。「中央東線」は、JR東日本に所属しています。いっぽう「中央西線」は、JR東海に所属しています。

東京圏の中央線、山梨・長野エリアの中央東線、長野県木曽地方を中心とした中央西線、中津川から名古屋までの「JR東海の中央線」など、「中央本線」はさまざまな要素が見られる路線です。

「中央本線」はどのような路線なのか、どんな車両が走っているのか、どんな歴史をもつのか、気になる方も多いことでしょう。急勾配（こうばい）と曲線、トンネルやスイッチバックの多いルートをどう改良していったのか、都市部の通勤電車の多さと山間部での列車の少なさ、悪条件の路線を高速で走るために開発された車両、いまも現役で走る古い車両……など、中央本線には気になるトピックが数多くあります。

東京圏の人も、甲信地方の人も、名古屋圏の人も、ふだん何気なく利用している路線が、じつは東京から名古屋まで結ばれている路線であり、エリアごとにさまざまな魅力ある姿を見せていることを、本書で知っていただければと思います。

小林拓矢（山梨県甲府市出身）

JR中央本線　知らなかった凄い話／もくじ

1章 中央本線の魅力を知る

◉もっともっと好きになれる！

2章 中央本線の進化を知る

◉ファンでなくても胸躍る！

3章 中央本線の路線を知る

◉新鮮な発見が目白押し！

4章 中央本線の車両を知る

◉個性豊かな車両に惹かれる！

5章 中央本線の**運行ダイヤ**を知る

◉長大路線ならではのアイデアあり！

6章 中央本線の駅を知る

◉行って、見て、確かめたくなる

7章 中央本線の歴史を知る

◉知られざる真相を次つぎ発掘！

カバー・本文写真◉PIXTA
◉フォトライブラリー
図版作成◉原田弘和

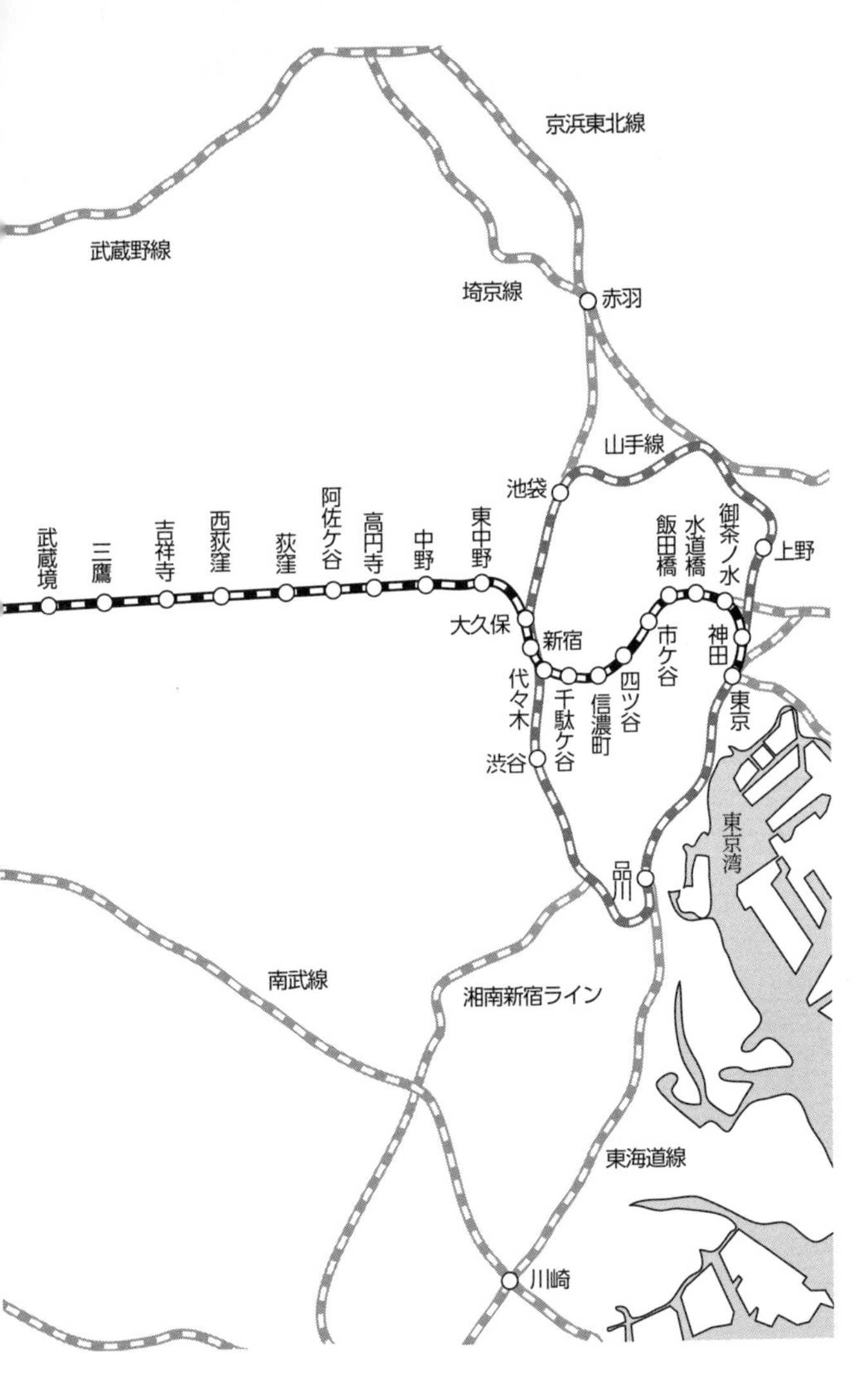

京浜東北線
武蔵野線
埼京線
赤羽
山手線
池袋
武蔵境
三鷹
吉祥寺
西荻窪
荻窪
阿佐ケ谷
高円寺
中野
東中野
大久保
新宿
代々木
千駄ケ谷
信濃町
四ツ谷
市ケ谷
飯田橋
水道橋
御茶ノ水
神田
東京
上野
渋谷
品川
東京湾
南武線
湘南新宿ライン
東海道線
川崎

JR中央本線（東京〜高尾間）路線図

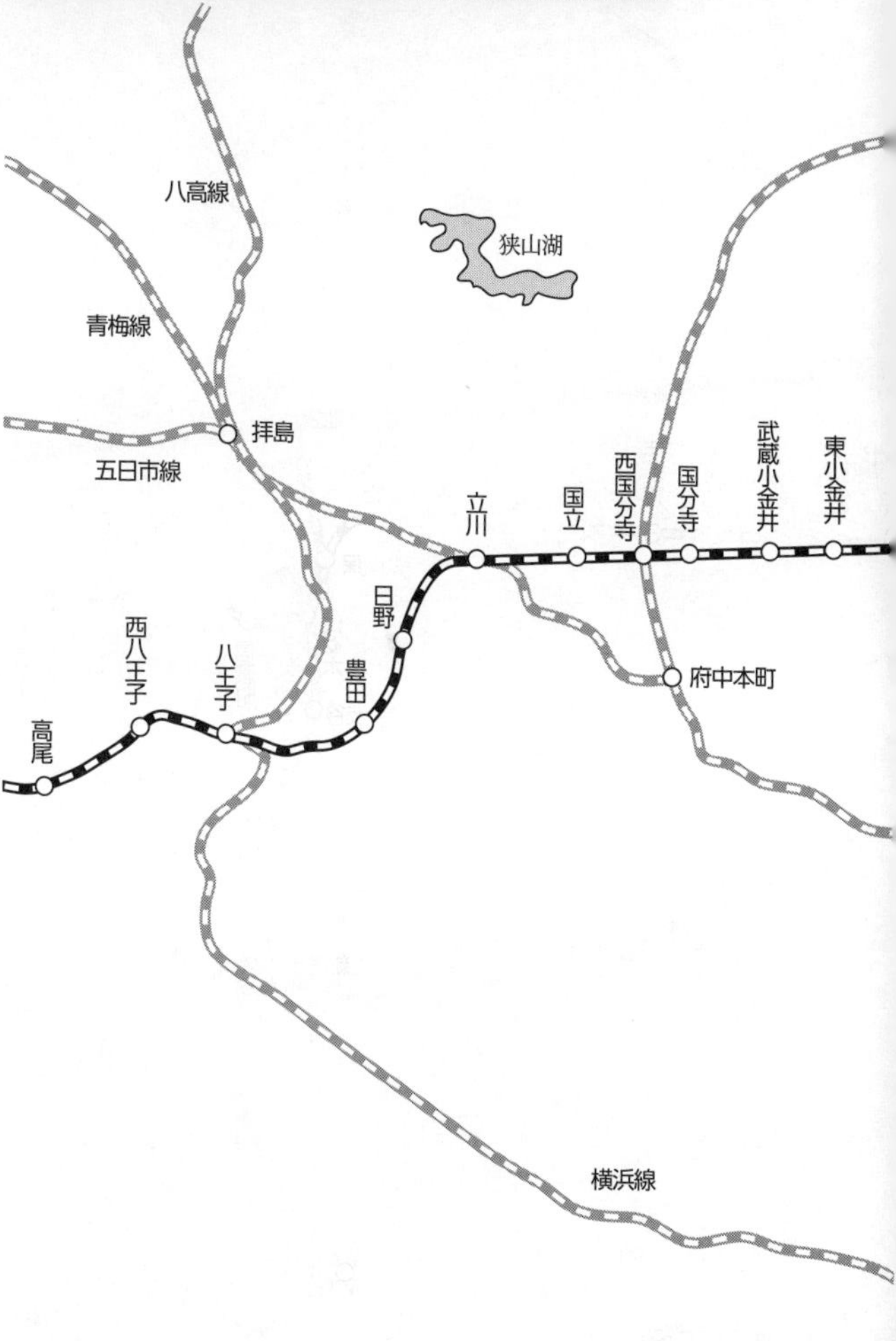

八高線
狭山湖
青梅線
拝島
五日市線
立川
国立
西国分寺
国分寺
武蔵小金井
東小金井
日野
豊田
西八王子
八王子
高尾
府中本町
横浜線

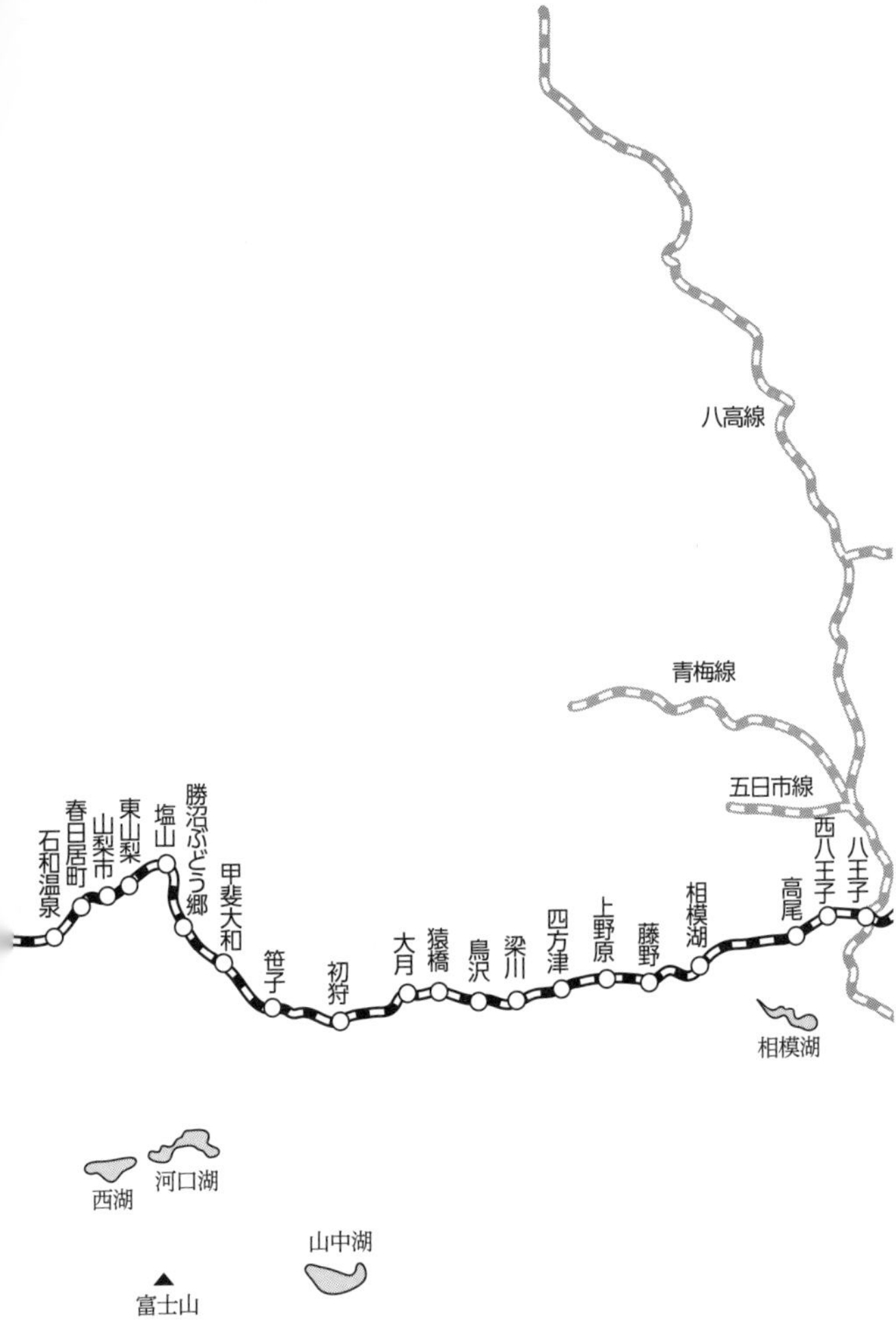

八高線

青梅線

五日市線

八王子

西八王子

高尾

相模湖

藤野

上野原

四方津

梁川

鳥沢

猿橋

大月

初狩

笹子

甲斐大和

勝沼ぶどう郷

塩山

東山梨

山梨市

春日居町

石和温泉

相模湖

富士山

JR中央本線（高尾～塩尻間）路線図

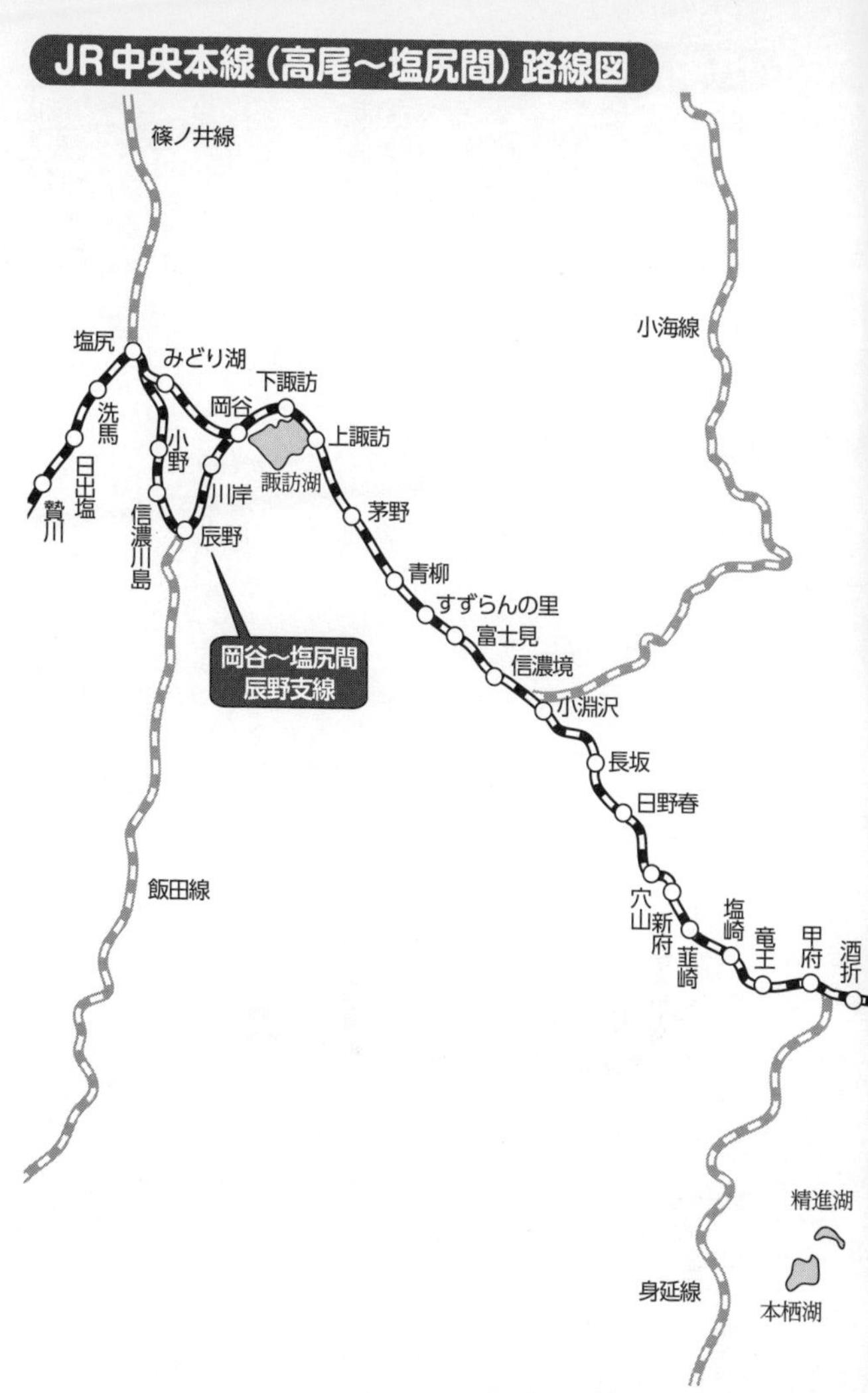

JR中央本線（塩尻〜名古屋間）路線図

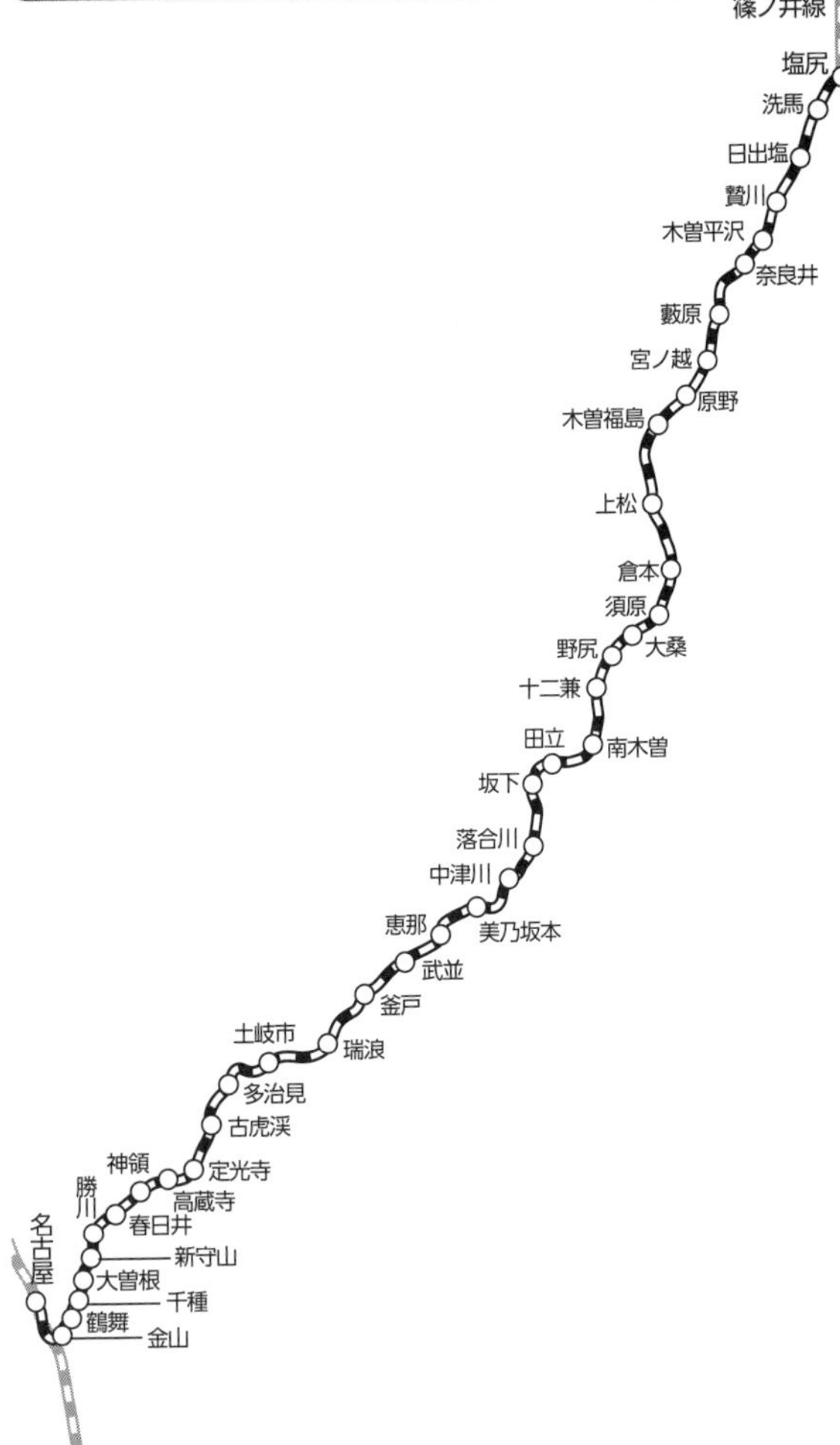

1章

◉もっともっと好きになれる！

中央本線の**魅力**を知る

「中央本線」と「中央線」、違いを正しく答えられる？

「中央本線」と「中央線」について、ふたつの名前が同時に、しかも性質の違うものとして使用されていることを意識している人は、そうは多くないかもしれない。

まずはパブリックな見方から。「中央本線」は路線名であり、「中央線」は愛称である、ということがある。路線の正式名称は「中央本線」であり、神田～代々木、新宿～塩尻(しおじり)～名古屋、岡谷(おかや)～辰野(たつの)～塩尻間を指す。

いっぽう「中央線」は、おもに東京都内の駅などで掲示されるものに使用される通称で、東京～高尾間の快速線のことを指す。こちらは駅の案内にも使用されることが多く、オレンジ色のラインカラーの路線は「中央線」と駅で表示され、青いラインカラーの路線（新宿駅特急ホームなど）は「中央本線」と案内される。

このように「中央線」は、「宇都宮線（正式には東北本線）」のような愛称名や通称であり、正式には「中央本線」なのだ。

では、なぜ「本線」は「線」になってしまったのだろうか。

じつは、ＪＲ東日本管内の山梨県や長野県に住む人たち、あるいはＪＲ東海管内の愛知県や岐阜県に住む人たちも、「中央線」と言っている。「本」を、省略してしまうのだ。

新聞などの報道でも、「中央線」と表現する。もっとも、この件については、日本全国どの「本線」沿いの報道機関も、「線」にしているようではあるが。省略して「中央線」と言ってしまうのは、「中央本線」と言われるエリアにもよくあることである。

しかし、「中央線沿線」「中央線文化」などという言葉が出てくる場合には、「中央本線」という路線の一部区間で愛称として使われる「中央線」、すなわち東京〜高尾間の路線を指すというのが、これらの言葉を使うメディアの共通理解だ。

また、東京圏では地域の区分けとして、区市町村だけではなく、どの路線の沿線

JR新宿駅構内の案内板。快速は「中央線」、特急は「中央本線」

か、ということも重視されている。そんななかで便利に使われてきた言葉が、「中央線」なのである。

このように、山梨県や長野県、あるいは愛知県や岐阜県では「本」を省略した一般的な呼び名として「中央線」が使われているいっぽうで、東京圏では列車の系統を示すものとしても「中央線」が使われ、それが沿線の地域名としても使用されている。

「中央線」という言葉は、通称だからこそ使いやすいというものであり、「中央本線」の沿線住民が多く使う言葉となっているいっぽう、JRの案内では東京圏の一部区間であり、しかもそれが東京〜高尾間の沿線住民のアイデンティティともなっているというものである。

違いがあるといえばあるが、「中央本線」のほうが、そもそも正式な呼び名だ。この本では、「中央線」を含む「中央本線」のさまざまな話を取り上げていきたい。

▼東京の中央を走るから、「中央線」と呼ばれている？

東京圏の駅構内で路線図を見たとき、「なるほど、東京の中央を走り、東京都の真ん中を突っ切っていくから中央線と呼ばれるんだな」と思う人もいるだろう。

たしかに、「中央線」は都内を走る区間が長い路線である。

しかし、その後「中央本線」は高尾から神奈川県・山梨県・長野県と甲州街道沿いに日本の中央部に入っていく。日本地図を見ても、首都圏から中部地方へと路線が延びていくことがわかるはずだ。そして岐阜県を通り、名古屋へ。中央本線では、海が見える場所はどこにもない。日本の内陸部を貫いている路線だから「中央本線」なのである。

もともと、関東と関西を結ぶ幹線をどこに建設するかは、明治時代の政府内でも議論があった。海沿いを走る東海道経由にするか、内陸部を通る中山道経由にするかだ。結果として東海道経由となったのは、中山道経由は勾配区間が多く、建設費用が多くかかるからという理由があった。中山道経由が候補に挙がったのは、内陸を通るゆえ、外国の海軍による海からの砲撃に対して強いということであり、軍事を強化しようとしていた時代の性質を感じさせられる。

「中央本線」は、塩尻から中津川までのあいだは中山道沿いを通り、その後、名古屋へ向かう。

この路線には旧信越本線の碓氷峠のような急勾配区間はなかったものの、勾配と曲線がきびしく、内陸部を走る路線という制約もあり、東海道本線にくらべて発展は大きく遅れた。しかしそれでも、路線ができたころは飯田町（いいだまち）（現在の飯田橋近くのターミナル駅）から名古屋までの直通列車が走っていた。

中村建治『中央本線、全線開通！』（交通新聞社新書）によると、1911（明治44）年5月1日改正での開業時のダイヤは、飯田町発が21時00分、新宿発が21時32分、甲府発5時15分、塩尻発10時08分、中津川発14時27分、名古屋着が17時36分だった。

中央本線は東京と名古屋を結ぶ第二路線として誕生し、そもそもは直通こそが目的だった。中山道経由の幹線の名残（なごり）である。当然ながら、東海道本線経由とくらべると所要時間がかかる。そのため、大阪への直通列車や、下関まで行き、関釜（かんぷ）連絡船に接続して朝鮮半島へと向かうための列車や、関門連絡船に接続し、九州に向かうための列車は、みな東海道本線を走っていた。

いっぽう、中央本線は路線本来の目的は直通だったものの、じっさいは直通する列車は少なかった。その後、飯田町から新宿へとターミナルが変わり、一部の列車が東西を直通運転した。名古屋〜長野間の準急「きそ」の一部編成が、1961（昭和36）年9月末まで普通列車に連結されて新宿へと直通していたのだ。

東西を内陸経由で横断するためにつくられたのが中央本線であり、そのために中央東線と中央西線の分岐(ぶんき)となる塩尻駅を直通できるようになっていた。現在のように方向転換することなく、名古屋まで行けるようになっていたのだ。

しかし、1982（昭和57）年5月に、塩尻駅は東西を行き来するためにはスイッチバック（153ページ参照）を行なわなければならないようになり、実質「中央東線」「中央西線」と分かれていた状況がさらに固定化していくようになった。

「中央東線」と「中央西線」、それぞれの存在意義とは

中央本線の列車は、「中央東線」と「中央西線」できっちりと分かれている。前項でも述べたとおり、塩尻駅を経由して両線を直通する定期列車はない。「中央本線」というひとつの名前ではあっても、現実には「中央東線」「中央西線」というふたつの路線があるというのが、実情なのだ。

では、それぞれの路線は何のために存在しているのだろうか。

まず中央東線は、東京圏と甲府・諏訪・松本エリアを結ぶための路線である（塩尻～松本間は篠ノ井(しののい)線）。松本駅から大糸(おおいと)線に乗り入れて北アルプス方面をめざす列車もある。

特急は、これらのエリアの都市間輸送をメインとし、普通列車は地域内輸送に徹

する。列車はすべて、篠ノ井線と運転系統を一体化させており、「あずさ」は松本発着のものがほとんどだ。

中央西線は、名古屋圏と木曽地域・松本・長野を結ぶ路線である。中央東線経由で新宿から直接長野へと向かう特急列車は存在しないが（長野方面と中央東線方面を行き来する普通列車はある）、名古屋からの特急は定期列車も長野まで直通する。名古屋から長野までは、中央西線を利用するのが最短距離であり、もっとも運賃・料金が安く済むルートでもある。

中央東線が直接、長野へと向かわないのは、かつては信越本線が、現在では北陸新幹線が東京圏と長野との輸送を担(にな)っており、分業ができているからだ。

これに対して、中央西線はルートの先に松本と長野があり、その両方を通る必要性がある。北陸新幹線の開通によって、東京まわり長野行きというルートができても、それは変わらない。

中央西線の特急列車も、中央東線と同じく篠ノ井線と運転系統を一体化させている。松本方面に直通する普通列車もある。なお、臨時の特急列車にも大糸線に直通するものがある。

このように、現状では中央東線と中央西線できっちり運転系統が分かれていて、別々の路線であるといっても過言ではない。

中央東線は東京と松本などの中信地方を結ぶ、中央西線は名古屋と松本などの中信地方、長野などの北信地方を結ぶというふうに、完全に役割が分かれているのだ。

▼中央本線とライバル関係にある路線は？

いわゆる「中央線」も、路線名としての「中央本線」も、ライバルとの過酷な競争を強いられている。それゆえにこれまでにさまざまな試みが行なわれ、その試みが乗客にも高評価を受けるようになる。

まずは東京〜高尾間の中央線から見てみよう。東京〜新宿間でさえ、ライバルがいる。山手線の輪のなかをくねくねと大回りをくり返す中央線に対し、比較的まっすぐに走る東京メトロ丸ノ内線だ。

丸ノ内線は平日昼間なら所要時間19分と、各駅に停車する割には時間がかからない。対して中央快速線は、停車駅、すなわちホームのある駅は限られているものの、17分とそれほど時間差がないのだ。ちなみに東京メトロ丸ノ内線とは、新宿〜荻窪間でも競合関係にあり、中央線は駅間距離が長いのに対し、丸ノ内線はこまめに停車していく。こちらはそれぞれ性格が分かれている。

もちろん、東京～新宿～荻窪のどの区間でも、霞ケ関や赤坂見附などの中間地点への利用者がとくに東京メトロでは多いということがあり、ちょっと極端な話ではあるものの、頭の片隅に置いておいたほうがいいかもしれない。

そして、中央線のライバルといったら、京王電鉄京王線である。新宿～八王子・高尾間で激しい競争を見せている。

運賃を見てみると、新宿～八王子間では、JR東日本は交通系ICカード使用で482円。対して京王電鉄の新宿～京王八王子間では交通系ICカードで367円。その差は115円となっている。新宿～八王子間は、経路特定区間（鉄道事業者がとくに定めた区間で、キロ数での運賃よりも安く設定した区間。競合する他社にくらべて運賃が高い場合に設定される）となっており、JR東日本はこれでも安く設定しているのである。

もちろん、この区間は速達性の競争も行なっている。中央線では「中央特快」（ほかに「青梅特快」もあり、立川から青梅へと向かう）が、おもに速達列車の役割を果たしている。

中央特快は36分程度（列車によって異なる）、新宿から立川のあいだでは中野・三鷹・国分寺のみに停車している。京王電鉄には「特急」があり、42分程度で結んで

JR中央線と京王電鉄京王線のルート

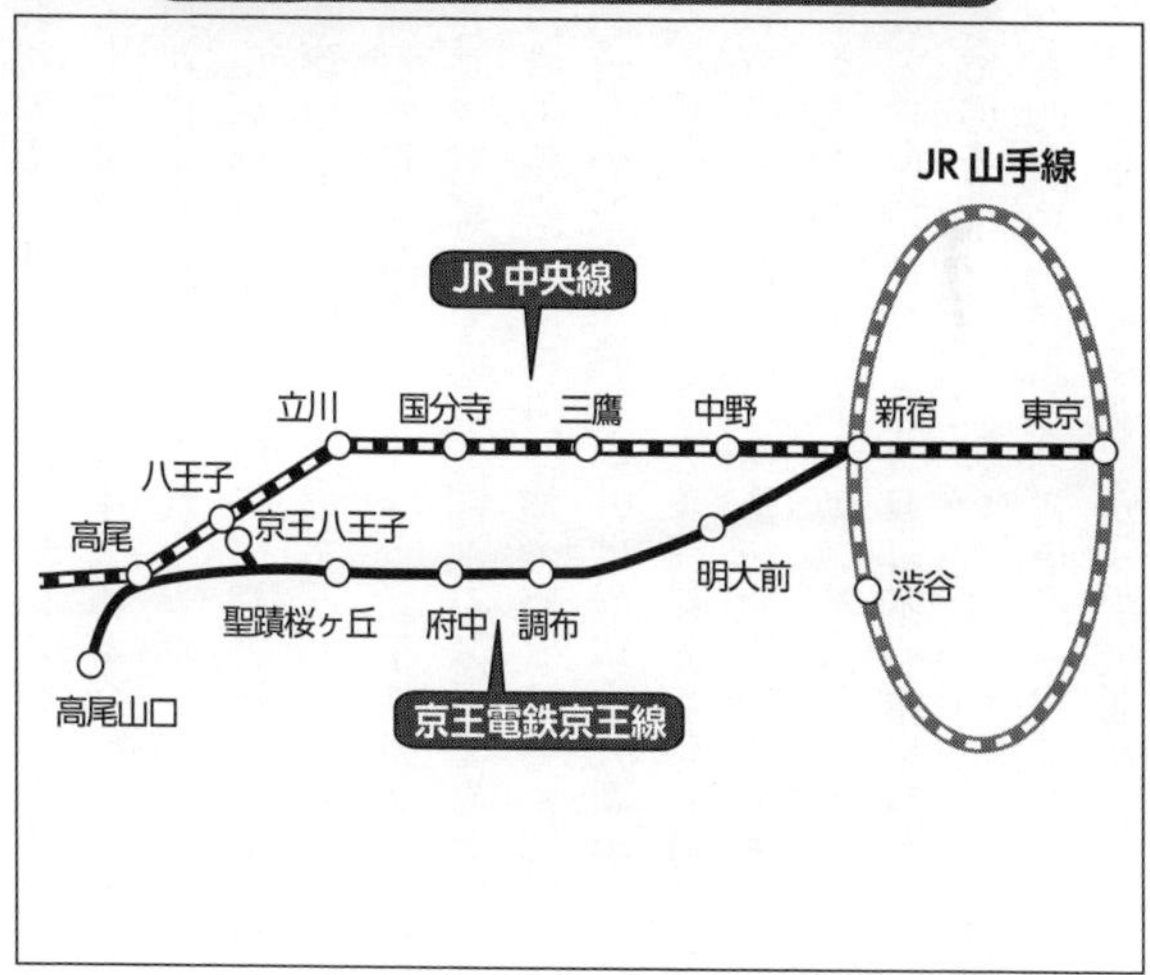

いる。京王電鉄の「特急」のほうが停車駅は多い。中央線は駅間距離が比較的長く、中野〜立川間でほぼ直線であるいっぽう、京王線は甲州街道沿いで曲線が多く、駅間距離も短いという特徴がある。

着席サービスの競争もある。中央線の特急「あずさ」「かいじ」は、チケットレスで安価な指定席サービスを売り物にし、朝の上りや夕方・夜間の下りに「はちおうじ」(76ページ参照)という通勤客向けの列車も運行している。

いっぽう、京王電鉄では「京王ライナー」が好評だ。今後は、中央線快速列車にグリーン車が連結されるので、サービスの競争はさらに増す。

そして高尾より先で、中央線と京王電鉄の対決構造は、中央本線と中央高速バスの対決構造へと持ちこまれるのだ。

「中央高速バス」は、中央自動車道を走る高速バスの総称として、京王電鉄バスが登録商標としているものである。現在は「バスタ新宿」をターミナルとしているものの、以前はヨドバシカメラ新宿西口本店前にターミナルがあり、そこから中央自動車道エリアへと向けて高速バスを走らせていた。中央本線の特急と対決するかのような路線が多くあり、熾烈なライバル関係が長く続いている。

鉄道との競合が激しいのは、富士五湖線、甲府線、諏訪・岡谷線、松本線である。また、ＪＲ東日本とＪＲ東海に分かれ、直通列車もすでにないという状況で地元の人に支持されたのが、伊那・飯田線だ。

これらのバスを各地のバス事業者と共同で運行しているのが、京王電鉄グループである。いっぽう、ＪＲ東日本の中央本線は、「あずさ」「かいじ」で速達性と定時性の高さを売りにし、競い合っている。さらに「中央高速バス」には、中央本線には存在しない「新宿と名古屋を直行で結ぶ」路線もある。

では、中央西線はどうか。中央西線を走る特急「しなの」のライバルには、名鉄バスセンターを中心にした「中央道高速バス」がある。「しなの」と競合する、名古屋から松本や長野へ向かう路線だけでなく、中央本線の通らない伊那や飯田への路線も存在する。ただし、長野線は運行本数が少なく、こちらは「しなの」が勝っているともいえる。

また、名古屋～長野間では、東京経由で新幹線を利用しても「しなの」と時間があまり変わらないという状況もある（運賃・料金は、もちろん新幹線を利用するほうがかなり高い）。

「中央線」にしても「中央本線」にしても、強力なライバルがいて、日々切磋琢磨している。それが、鉄道とバスそれぞれの魅力を共に高めているといえる。

▼東京エリア・名古屋エリアを走る車両は新しいが…

中央線、といえば最新鋭の通勤電車をよく導入する路線というイメージがないだろうか。103系が「国電」の主流だった時代に、201系を導入して他路線との違いを見せつけていたことを覚えている人も多いだろう。

また、JR東日本の現在の主力車両のひとつE233系の導入も中央線がもっとも早く、2006（平成18）年の末に営業運転を開始した。2022（令和4）年のいまとなっては、けっこう前の話じゃない？　と考える人も多いかもしれないが、中央本線全体の特別料金を必要としない車両の歴史を見ると、これはまだ新しいほうである。

中央西線が走る名古屋圏ではどうか。２０２２年３月、新車両の３１５系（114ページ参照）が導入された。これにより、２１１系の５０００番台を淘汰しようということにもなっている。２１１系５０００番台は、ＪＲ東海になってから導入されていた車両だ。

また、２０１３（平成25）年まで中央西線の名古屋〜中津川間で運行されていた「セントラルライナー」では３１３系８０００番台が使用されていた。

2010年に引退した201系(左)と快速線の現在の主力車両E233系

だが、こういった車両たちは、中津川～名古屋間の全列車を315系ロングシート車8両編成に統一するという動きのなかで、今後活躍の場は狭まっていくだろう。「セントラルライナー」に使用されていた313系8000番台は、現在は静岡地区で走っている。

塩尻～中津川間も比較的新しい車両で運行されている。313系1000番台である。ワンマン運転対応のセミクロスシート車で、長距離の利用でも乗り心地のよい車両だ。このエリアには、JR東日本の車両も松本方面から乗り入れている。それがじつは、211系である。2013年に115系から置き換えるために、房総方面や高崎線で使用されていた211系が長野総合車両センターに来ることとなった。そもそも、房総方面を走っていた211系は、もともとは東北本線などで使用されていた車両である。

211系はその後、立川・高尾より西側の中央東線エリアでも走るようになった。当時のJR東日本八王子支社管内では「中央本線の新しい車両」と大々的にPRし、駅にポスターを貼り、115系にくらべて省エネで高性能ということをアピールしていた。

その115系は、もとから中央本線にいたもののもあったが、かつて信越本線で使用され、碓氷峠対応工事が施されていたものや、東北本線・高崎線の上野エリアで使用されていた車両も多かった。

そんな車両に代わる「新しい車両」が、国鉄時代に製造された211系である。たしかに、115系よりも性能などは高いかもしれないが、都市部ではE233系が走り、東北本線などの交流区間でもJRになってから製造された車両が多く走っているのを見ると、「中央本線は古い車両の天国だな」と思ってしまう。

小淵沢駅以西のエリアではE127系（119ページ参照）も走っていることを考えると、八王子支社の、それも山梨県エリアでばかり古い車両が普通列車で使用されていることになる。甲府駅で接続する身延線で使用される313系のほうがよほど新しさを感じるぐらいだ。

特急列車に続々と新車が投入され、改善されているのと対比すると、普通列車もなんとかならないのだろうかということは、山梨県出身の筆者としては思うところである。

▼中央東線を走る特急の多くが「新宿発着」である理由

多くの人は、中央線の銀色の車体にオレンジ色の帯が施された列車は東京発、中央本線の特急列車は新宿発だと思っているだろう。たしかに一部の特急に東京発の列車もあるが、ほとんどが新宿発なので、その認識で問題は起こりにくい。

黄色い帯が車体に施された各駅停車は、御茶ノ水駅でごく一部の列車が発着するものの、御茶ノ水を境に線路の名称上は、西側は中央本線、東側は総武本線となっている。一般的には「中央・総武緩行線」と一括して呼称され、運転系統も一体となっている。

以前は、深夜帯に東京駅発で御茶ノ水から各駅停車という列車があったものの、2020（令和2）年3月のダイヤ改正で廃止になった（69ページ参照）。中央線快速のホームドア設置と、グリーン車連結による12両化を前提としたものである。快速は「中央線」ということで都心に乗り入れ、東京駅発着となっている。

中央線の前身となった甲武鉄道は、新宿から都心に乗り入れるというかたちで路線網を延ばしていった（20ページ参照）。その際にターミナルとなったのは飯田町。この時代は蒸気機関車だった。

その後、電化され、中野～飯田町間は電車、長距離列車は全線で蒸気機関車と分けられた。電車線は飯田町から万世橋へと進み、さらに延伸して東京へと至る。こうして、長距離列車のターミナルは飯田町、電車のターミナルは東京となった。

その後、飯田町から長距離列車のターミナルが新宿へと移った。飯田町駅は貨物駅になる。ここで、現在と同じ長距離列車は新宿、通勤電車は東京というターミナルの分業が完成した。

現在は、新宿発の長距離列車は特急列車のみとなっているものの、以前は甲府・松本方面への普通列車も運行されていた。使用車両も、長距離普通列車は客車や近郊型電車、中央線区間内の電車は通勤型電車と、しっかりと区分けがなされていた。

本項の冒頭でも記したとおり、中央本線の特急列車の一部は東京から発車するが、これは、比較的最近のことである。

1986（昭和61）年11月のダイヤ改正で、東京・千葉を発着とする「あずさ」が登場。1988（昭和63）年3月に甲府発着の「あずさ」の列車名を変え、特急「かいじ」が誕生した。だがいまでも、東京発着の特急列車は多いとはいえない。

理由としては、新宿のホームが快速は上り1面2線、下り1面2線を使用でき、さらにそのあいだに独立した特急発着ホームが1面2線であるという構造なのに対し、東京では上り下りあわせて1面2線で対応しなくてはならないという現状があるからだ。特急列車がホームに着き、折り返しのための整備を行ない、それから発車するということが、東京駅の設備では困難なのだ。

いっぽう、新宿には引き上げ線もあり、ホーム上で折り返しの整備をするための時間的余裕も場所も確保されている。東京発の特急は、事前に新宿で整備されたあとに、回送されてやってくる。東京着の特急は、乗客を降ろしたあとに回送される。

このように、中央本線における新宿と、中央線における東京とではターミナルの性質が異なっている。それゆえに特急のほとんどが新宿発着になっているのだ。

中央線はなぜ、総武緩行線と一体化している？

前項でも触れたが、中央線の各駅停車は「中央・総武緩行線」として、一体となった運用がなされている。総武本線は、東京駅起点の快速線と、御茶ノ水駅起点の緩行線のふたつがある。

まずは、なぜ総武本線が二股（ふたまた）になったのかを説明しよう。総武本線の東京方ターミナルは、もともとは両国橋駅（現在の両国駅）だった。都心に向かう人は、ここから隅田川（すみだがわ）を渡る東京市電を使用していたが、この市電はひどく混雑していた。

関東大震災からの復興を機に、両国から都心へと向かう路線を設けて中央本線に乗り入れる計画が出された。その計画内において両国～御茶ノ水間は高架で建設されるものとしていた。

中央本線と総武本線の関係

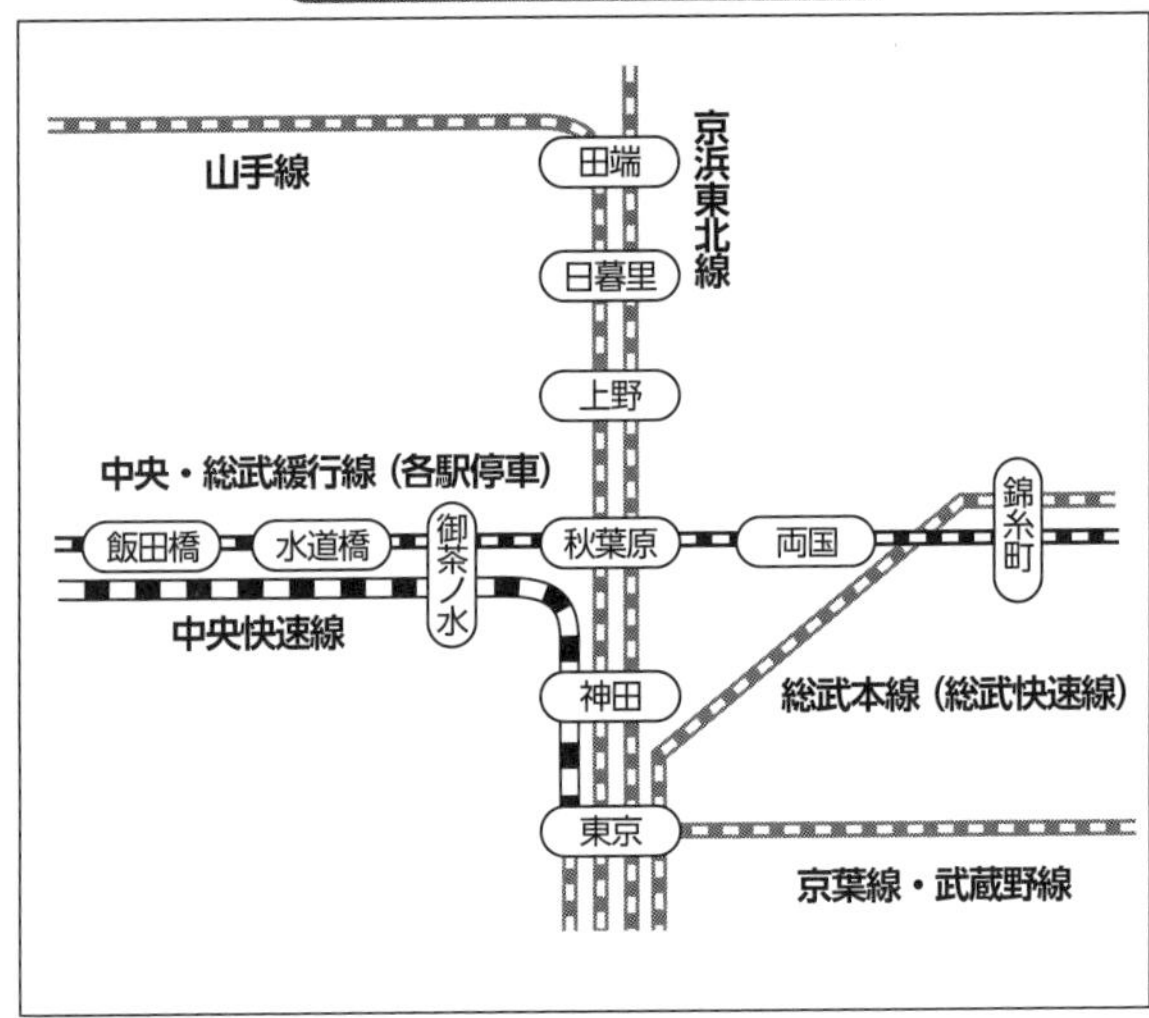

いっぽう、千葉方面に向かう長距離列車は両国駅発着を続けた。１９７２（昭和47）年7月に錦糸町駅から東京駅まで総武本線が乗り入れ、あわせて錦糸町から津田沼までが複々線化となり、現在の二股のかたちになる。中央線と縁が深いのは、二股の片方だ。

両国駅には、いまなおイベント等で使用される地上ホームが残っている。地上駅ホームは、以前は現在よりも多く設けられており、貨物駅（１９７０〈昭和45〉年廃止）も存在していた。貨物駅であった土地は、現在の江戸東京博物館や両国国技館の場所となっている。

この両国から御茶ノ水へと乗り入れる路線とあわせて、御茶ノ水から中野までの複々線化が行なわれた。高架線は1932(昭和7)年7月に、複々線は1933(昭和8)年9月に開業した。

相互乗り入れが開始されると、御茶ノ水〜中野間で総武本線との直通列車が運行されるようになった。ただこのころは、総武本線からの列車は飯田橋折り返し、中央本線からの列車は両国折り返しのものも多かった。平日昼間には東京〜中野間の各駅停車も運行されていた。

戦後になって利用客が増加し、1959(昭和34)年11月に総武本線の列車の多くが中野まで直通するようになる。

このころから、中央快速線と緩行線の役割が分担されていった。複々線の快速線は、貨物の飯田町駅への出入りや、新宿からの普通列車などに利用されていたものの、快速線での中央線列車が多くなっていったのだ。

多様な都市景観を楽しめる「中央線」

いわゆる「中央線」と呼ばれる東京〜高尾間は、多様な都市景観が楽しめるエリアだ。そして同時に、東京都の地形の変化もわかりやすく感じられる。

まずは、東京駅の他の路線より一段高いところにあるホーム。ここからは八重洲エリアのビル街が、駅を出るとすぐに大手町エリアのオフィス街が見える。近くには皇居があり、明治時代になるまでは江戸城だった。

かつて、このあたりは海だった。江戸時代になって低地が埋め立てられるいっぽう、水運はさかんであり、運河が多くあった。

神田では居酒屋などが集中する飲み屋街が見え、御茶ノ水では神田川に沿う。飯田橋から市ケ谷・四ツ谷のあたりでは江戸城外堀に沿い、春は桜が美しい。東京都心の自然の豊かさと人の営みが見えるのが、新宿までの中央線である。千駄ケ谷や代々木あたりも住宅が多い。このあたりは若干低い場所を走る。

大久保には韓国料理店街があり、都市におけるエスニック・タウンを垣間見ることができる。東中野あたりの桜の美しさも知られている。

中野から立川までは、一直線の高架区間。高架から都市部の住宅街が眺められる。東京駅周辺が「働く都会」なら、中野からは「住む都会」。延々と住宅街が並んでいる。小さい住宅が多い。高円寺・阿佐ケ谷といった高架エリアの駅のホームからは、沿線の商店街が見え、『高円寺純情商店街』というねじめ正一の小説（新潮文庫）に由来するところもある。

商店街と住宅、低層マンションとアパート。荻窪でいったん低地に降りるも、ふたたび高架へ。西荻窪は狭い道路が多く、高架から見ると複雑な地域となっている。

西荻窪を過ぎると、東京23区を出る。吉祥寺は京王井の頭線との接続駅だ。この駅周辺には大規模な商業施設があるいっぽうで、旧来の商店街も充実しており、吉祥寺だけでも十分「都市」であることが見てとれる。

吉祥寺は、緑の豊かさも感じられる場所である。駅からは建物に阻(はば)まれてなかなか見えないが、井の頭公園は駅から歩いていける場所にある。

閑静(かんせい)な住宅街が現れたと思ったら三鷹だ。三鷹までは、１９６９（昭和44）年までに高架化・複々線化された。

三鷹から先は、かつては地上を走る路線だった。しかし、１９９６（平成8）年度から２０１４（平成26）年3月にかけて三鷹～立川間の連続立体交差事業が進み、高架上を走る車窓から、この区間の景観を楽しむことができるようになった。

ただ、この区間も住宅街が延々と続く景観であることには変わりがない。それでも、一戸建ての土地面積は広くなり、再開発した駅前は高架化前とはがらりと変わっている。三鷹以東が、昭和の時代から変わらないものを残し続けていることと比較すると、だいぶ異なっている。

立川で高架区間は終わり、ここからは地上を走る。立川を出てすぐ渡ることになる多摩川は川幅が広く、ここまで来るとのびのびとした感じがしてくる。人口が多い街道沿いや川沿いを走るのではなく、アップダウンを気にせず進む。このあたりは武蔵野台地で、かつては農村部だった。

武蔵野台地の標高は、西に進むにつれてどんどん上がり、国分寺崖線（がいせん）の上を進んでいく。この台地があるため、立川までは地震に強く、水害の影響もないという、最上の場所を走る。

日野・豊田は完全な郊外住宅地である。丘陵（きゅうりょう）に沿うような場所を走り、浅川を越える。日野台地を経て多摩丘陵を進むことになるが、あくまで川沿いではなく、台地の上に線路が敷かれている。

八王子はＪＲ横浜線やＪＲ八高（はちこう）線と接続する大きな駅であり、貨物列車もよく停車している。八王子駅周辺は開けた土地であり、多くの人が住む場所になっている。西八王子あたりからは南浅川に沿って、高度を上げていく。

郊外エリアを通り抜け、山あいに入ったところで高尾に着く。ここから京王電鉄に乗り換えれば、高尾山まではすぐだ。高尾山が近くなると、観光地の雰囲気も醸（かも）

し出してくる。

都市の景観の変化を楽しめるだけでなく、最後に観光地があるあたり、中央線の面白さを感じることができるといえよう。低地から掘割（ほりわり）を進み、台地を突っ切ったのち、多摩丘陵に沿いながら山間部に入っていくという、多様な東京の地形を味わえるのが、中央線である。

▼「中央線文化」が生まれた経緯と背景とは

東京の人は、東京から高尾までの「中央線」区間に独自の文化があることを語りたがる。もちろん、中央線以外のＪＲ路線やほかの私鉄路線にも、独自の沿線文化があることは言うまでもないのだが、中央線にかんしてはとくにその独自な文化が語られることが多い。

たとえば、有名なところでは三善里沙子『中央線の呪い』（扶桑社文庫）や、同じく三善里沙子による『中央線なヒト』（ブロンズ新社）など、中央線独特のカルチャーを取り上げた本が数多く出版されており、『朝日新聞』でも『中央線の詩』というシリーズがまとめられ、出窓社から同名の本として出版された。

中央線には、独特のカルチャーが花盛りであり、それが極まってしまっているという状況になっている。

中央線が文化的なエリアになったのは、大正時代に多くの人が移り住み始めたからだ。都心部の住宅地の狭さに加え、関東大震災によって、多くの人が郊外に流出した。

なかでも中央線沿線には、文化的活動をする人たちが集まるようになり、荻窪あたりには文士が多く集うようになっていった。その中心となったのは井伏鱒二（いぶせますじ）であり、井伏をたよって文学志望者が中央線沿線に集まっていった。そこから、中央線は文化の発信地として独自の沿線文化を持つようになった。

中央線、そして中央本線と切っても切れない作家といえば、太宰治である。井伏鱒二の媒酌（ばいしゃく）によって結婚し、結婚後は甲府で暮らし、その後三鷹へ。「恋と革命」の文学であった太宰の作品は、多くの人に親しまれた。中央線を代表する文学者として、いまなお多くの人に愛読されている。

「恋と革命」。これこそが中央線文化の中心軸である。中央線沿線は戦後、多くの社会運動の舞台となり、文化活動の中心ともなった。それが、現在の中央線文化の基軸となっていく。

高円寺や阿佐ケ谷、西荻窪はもっとも中央線らしさにあふれたエリアである。古書店、ライブハウス、喫茶店などが軒を連ね、1960年代~70年代以降、多くの若者がこの地域に集まった。とくに、ミュージシャンやライター、漫画家などクリエイティブな職業の人たちが、多く暮らすようになった。

当然ながら、それらの仕事をする人たちは「貧乏」であった。現代の「貧困」とは異なり、彼ら彼女らはその「貧乏」を愛していた。

この「貧乏」も中央線沿線の文化を語るうえでは欠かせないキーワードである。狭い木造アパートに暮らし、銭湯に通い、居酒屋などで酒を飲み、語り合う。いっぽう、地価上昇でこういった暮らしはかえって贅沢になっていった。バブル期以降、風呂つきのフローリングのマンションに建て替わり、家賃も高くなった。中央線文化にも、それなりにお金がかかる時代になったのだ。

中央線沿線の杉並区を中心とした地域ではリベラルから左派の政党支持者が多く、さらには地元の議会には新左翼系の議員などがいることもある。

政治的風土にも独自の文化があり、立憲民主党が安定して票を獲得できるのは中央線沿線しかないと言われている。「中央線リベラル」と呼ぶ向きもある。ちなみに、中央線沿線は『朝日新聞』のシェアがトップのエリアである。当然ながらこの地域の大卒率は高い。

そういった中央線文化の象徴的存在が、松本哉を中心とする政治団体「貧乏人大反乱集団」であり、リサイクルショップ「素人の乱」である。高円寺には多様な業態の「素人の乱」店舗があり、地域活性化の中心となっている。

「恋と革命」「貧乏」が中央線文化の通奏低音であり、好んでそういう生活をする人たちが、文化の主たる担い手なのである。

雄大な山岳パノラマを楽しめる「中央東線」

海が見える路線に魅力があるのなら、内陸部を走る路線にも魅力がある。中央東線は、山岳風景を楽しめる路線として、車窓の面白さを存分に乗客に感じさせてくれる。

高尾から塩尻までは、ところどころに平地があるものの、基本的には「山また山」という区間である。まずは高尾から小仏峠へと向かう区間は、山を分け入るかのように線路が敷かれており、東京都内とはとても思えないようなひなびた風景のなかを走る。

小仏トンネルを抜けると神奈川県に入り、相模湖、藤野と停車。ここから大月までは甲州街道沿いをトンネルを多く通りながら進む。ちょっと車窓からの雰囲気が開けたなあ、と感じたら大月である。

このあたりは「いったん、小休止」といった感じとなる。笹子峠をめざすべく勾配・曲線の連続する区間を走り、笹子トンネルへ。このトンネルを抜けると甲斐大和だ。

この先は、山肌にへばりつくように線路が敷設されている。トンネルこそ多いものの、地上区間では中央自動車道（中央道）が並行している様子が見られる。中央道は、高架橋で山また山の区間を克服しており、明治時代にできた中央東線と、昭和時代にできた中央道の違いを感じさせる。

列車内からは並行して走る自動車がよく見えると同時に、中央高速バスに乗っている人も、中央東線の列車がよく見える。同じ方向に進んでいると、どちらのスピードが速いかという競争意識をかき立てられる。

勝沼ぶどう郷のあたりで風景が大きく開ける。この地域は果樹栽培のさかんな地であり、春に咲く桃の花の眺めが美しい。塩山を過ぎると甲府を経て、竜王まではトンネルがない。

竜王から先は、また別の山岳風景が楽しめる。南アルプスや八ヶ岳など名峰が連なり、それが車窓の左右に見える。この区間では勾配が続く。日本で2番目に高い北岳なども美しい。

小淵沢、信濃境を過ぎると中央東線最高地点に着く。富士見は中央東線でもっとも標高が高い駅だ。955・2メートルの高さとなっている。

ここからは下りに入る。諏訪盆地に入っていき、上諏訪あたりでは諏訪湖に近くなる。岡谷を過ぎると、塩尻まで中央東線は二手(ふたて)に分かれる。メインルートである塩嶺(えんれい)トンネル経由と、トンネル開通前のメインルートである辰野経由だ。

塩嶺トンネル経由のルートは、一気にトンネルに入っていく。その先は松本平が広がっている。いっぽう、辰野経由のルートは天竜川に沿って走っていく。辰野からは横川に沿い、善知鳥(うとう)峠を越える。こちらのほうが、味わい深い風景かもしれない。こちらも塩尻へ。

中央東線は、山また山のエリアを走っており、それゆえに、車窓風景として山岳風景を楽しめるのである。

▼笹子トンネル開通までには、こんな困難があった

中央本線を建設する際にやっかいな問題となったのは、トンネルである。とくに、当時の技術では長大トンネルの建設は困難だった。

なかでも、長いトンネルゆえに難工事になることが予想されたのが、甲斐大和〜笹子間の笹子トンネルである。

建設前は笹子峠をアプト式（ラックレールと呼ばれる歯軌条（しきじょう）を線路間に敷き、機関車の歯車と嚙み合わせて運転する）で乗り越える方法が検討されていた。すでに完成していた信越本線の碓氷峠区間では、小さなトンネルが連続する急勾配区間を、アプト式で乗り越えるようにしていた。しかし、この方式では輸送力が望めないということも、じっさいに走らせてみてわかっていた。

また、現在の富士吉田を経由して御坂（みさか）峠を越えるルートや、笹子峠手前から甲州街道を離れて現在の笛吹（ふえふき）市に抜けるルートなども検討されたが、建設工事費の高さや採算性が問題になり、断念された。

こうして、笹子峠をトンネルで貫通することとし、１８９４（明治27）年に建設が決まった。勾配は25パーミル（１０００メートル進んだとき、25メートル上がる）、全長は４６００メートルを超える、当時としては日本最長のトンネルとなる。

まだ、このころ中央本線は大月まで開業していなかったが（大月開業は１９０２〈明治35〉年）、笹子トンネルの工期は8年、しかも難工事が予想されたため、前倒しして建設がはじまった。着工は小仏トンネルよりも前である。

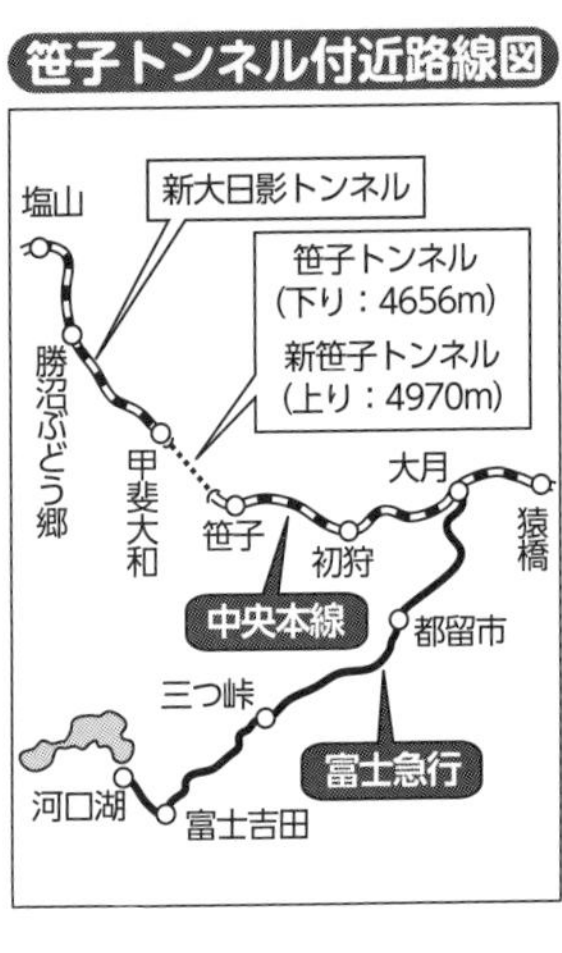

最初の測量さえ大変なことだった。はしごをかけ、縄をたらし、断崖をよじ登るという大変な作業が続いた。掘りやすいかどうか、地質調査も行なわれた。

トンネルははじめ、手掘りで進められた。換気も難しく、照明もカンテラで暗い。1897（明治30）年には圧縮空気機と削岩機（さくがんき）を導入、1899（明治32）年には水力発電による送電で坑内に電気がついた。

こうして、1902年7月に当初の予定より2年早く貫通した。11月に竣工、1903（明治36）年2月には鉄道を通した。中央本線は同年6月に甲府まで延伸する。笹子トンネルは4656メートルの国内最長トンネルとなった。

予定より2年も前に完成したといっても、工事自体には困難が多かった。作業はもちろんのこと、工事現場で働く人たちが赤痢（せきり）にかかり、病死者が続出した。さらに大変な山奥だったため、思うように人も集まらず、賃金は高くなった。1898（明治31）年には、不況によりトンネル工事も一時中止に。労働者を確保する業者の損害は大きかった。

難工事が予想されたため、ふつうは下請け業者にまかせるところを、人材確保以外は鉄道局の自前で行なった。機材の輸送は東側からは人力や牛馬で、西側からは東海道本線から富士川舟運(しゅううん)を経由して運ばれた。煉瓦(れんが)は現地で焼いた。

こうして、当時日本最長の笹子トンネルは完成し、それまで甲府から東京に出るには笹子峠を歩くか、富士川舟運を使うしかなかったところを、鉄道で行くことができるようになったのだ。

絶景の渓谷を楽しめる「中央西線」

中央東線が山岳風景を楽しめる路線ならば、中央西線は渓谷美を楽しめる路線である。島崎藤村が「木曽路はすべて山の中である」と『夜明け前』で記したことは、あまりにも有名である。

じっさいに中央西線の塩尻から中津川の区間を乗ってみると、山のあいだを分け入るように、川沿いを走っている。渓谷美と鉄道とを組み合わせた写真は、鉄道写真を撮影する人がよく題材とする。

塩尻を出ると、奈良井(ならい)川に沿って鳥居(とりい)峠へと向かっていく。奈良井を過ぎると2

１５７メートルの新鳥居トンネルに入る。このトンネルを抜けると、藪原の手前で木曽川に沿うようになる。木曽川の渓谷と、ところどころにある小さなトンネルが、この地に鉄道を敷いた際の苦労を思い起こさせる。

複線区間だが、上り線のみトンネルが多く、下り線はトンネルが少ないというところに、このエリアでの路線改良の難しさが示されているのではないだろうか。区間によっては単線もあり、電化や複線化に苦慮した区間だということがわかる。

このあたりで、もっとも大きな街といったら木曽福島である。その次の上松を過ぎると、「寝覚の床」という日本五大名峡として知られる景勝地がある。列車によってはここで「寝覚の床」を乗客に見せるために速度を落とすこともある。

木曽川の水流が、花崗岩を浸食してできた地形であり、急流が削った岩が大きく、それがかなりの見ものだ。車窓から絶景を味わうためには、名古屋方面発の下り列車なら進行方向左側、塩尻方面発の上り列車なら進行方向右側に座るといい。上流にダムがあるため水流は穏やかで、かつての浸食のあとが地上からもよく見えるようになっている。川の水は青々とした緑色を帯びていて、美しい。

南木曽からは旧中山道と別のルートをたどり、これまでと同様に木曽川沿いを走る。旧中山道の妻籠宿・馬籠宿に行くには、南木曽か中津川でバスに乗り換えなければならない。島崎藤村が生まれ育った馬籠宿は、長野県木曽郡山口村にあったものの、2005（平成17）年に越県合併により岐阜県中津川市になった。川沿いの中央本線のルートも、峠越えの旧中山道のバスルートも、どちらも面白いルートである。

田立を過ぎると岐阜県に入る。落合川では近くに落合ダムが見え、しばらくしたら中津川に着く。

「寝覚の床」は倉本〜上松間の車窓から楽しめる

南木曽以南では、4回木曽川をまたぎ、それにつれて山々が開けてくる。ここまでずっと線路が木曽川の片方の岸に沿っていたのは、おそらく線路がある側に多くの人が住んでいたからであり、旧中山道も川をまたがないとしていたからだろう。

中津川は、中央西線の渓谷美が味わえる区間の最後の駅となっている。

中央西線の中津川〜名古屋はどんな区間?

中津川から名古屋までは、名古屋市中心部への通勤圏とも言うべき地域であり、通勤路線としての役割が大きい区間である。塩尻から中津川までの区間では2両編成の列車が多く走っているのに対し、この区間は8両編成の列車が頻発(ひんぱつ)している。

特急「しなの」以外には、快速列車と普通列車が走っている。また、通勤客向けに「ホームライナー瑞浪(みずなみ)」も運行されている。ただし、快速といっても、大曽根(おおそね)〜多治見(たじみ)間で4つの通過駅があるだけだ。名古屋〜瑞浪、名古屋〜中津川間での運行となっている。普通列車は全区間で運行されているものの、名古屋〜高蔵寺(こうぞうじ)、名古屋〜多治見間が多い。

つまり、名古屋から中津川までは79・9キロメートルで、中央東線における東京から大月まで(87・8キロ)と、位置づけとしては変わらないのである。瑞浪が高尾に相当する場所であろうか。

ただし、中央東線と違うのは、中津川まで平坦な地形が続き、一部で渓谷のあるところを走るものの、それが小仏トンネルのような存在感を示さないということである。

中津川を出ると、恵那までは盆地のなかを走っていく。瑞浪まではちょっとした丘陵地を走り、瑞浪からは土岐川に沿う。多治見を過ぎると、渓谷地帯に入る。普通列車しか停車しない古虎渓や定光寺は、降りてみると巨大都市・名古屋に近いとは思えないような美しい渓谷を見ることができる。

高蔵寺からは完全な名古屋圏である。濃尾平野の平坦地を進む。神領には神領車両区があり、中央西線の車両はここに所属している。

勝川では東海交通事業城北線と接続する。大曽根では名古屋市交通局の地下鉄名城線や名鉄瀬戸線と接続し、ここからは各駅で名古屋市交通局の地下鉄路線と連絡するようになっている。

金山で東海道本線と合流する。なお、金山～名古屋間の尾頭橋は東海道本線のみの駅である。そして、JR東海の本社がある名古屋に着く。

JR東海では、2022（令和4）年3月のダイヤ改正直前から、315系の名古屋～中津川間への導入をスタート。これまでは4両編成や6両編成の列車もあったが、すべて8両編成で運行するようになった。

名古屋～中津川間は、こちらも「中央線」と呼ばれていることからもわかるように、通勤列車主体の区間だ。ロングシートの車両がほとんどであり、その意味でも関東の「中央線」と変わらない。今後は315系に統一される名古屋の「中央線」は、通勤・通学客の輸送を中心とした路線なのだ。

▼篠ノ井線は中央本線のよきパートナー

中央本線は、東西の両線を直通する列車がなく、特急や地元を走る列車は塩尻から篠ノ井線へと入っていく。

篠ノ井線は、信越本線の救済路線としてつくられた。信越本線は、当時横川〜軽井沢間の碓氷峠が急勾配でありアプト式区間だったため、輸送力が大変小さかった。篠ノ井線によって、東京や名古屋から松本・長野だけでなく、日本海側とも結ぶことが可能になったのである。

東西の中央本線の列車を塩尻で引き受け、長野県で2番目の都市・松本へと送りこむことができるのも、篠ノ井線があるからだ。新宿発の特急は一部が松本から大糸線に入っていくいっぽうで、名古屋からの特急は、定期列車はみな長野へと向かう。

もっとも、篠ノ井から長野までは信越本線である。信越本線は、新幹線が開通した並行在来線の関係で、長野県内では篠ノ井～長野間のみとなり、前後は「しなの鉄道」となった。

篠ノ井線は1892（明治25）年に中央本線の建設が決定した際、信越本線と連絡する路線として予定線に定められた。1894（明治27）年にルートが決定し、1896（明治29）年に着工した。少しずつ建設が進み、1902（明治35）年に全通。このときには中央東線に含まれていた。その後、支線扱いとなる。

1911（明治44）年に中央本線が全通すると、塩尻～篠ノ井間は篠ノ井線となる。建設の経緯から、もともと中央本線とは縁の深い路線ではあった。

篠ノ井線の車両は、東西の中央本線で使用される車両とも共通し

JR篠ノ井線路線図

ており、中央本線との一体感は強い。地元では「篠ノ井線」ということは意識されておらず、「中央本線」さらには略して「中央線」という扱いを受けている。

途中には「日本三大車窓」として知られる姨捨（おばすて）駅があり、この駅からは善光寺平を一望することができる。姨捨駅はスイッチバック駅としても知られており、絶景とスイッチバックを両方楽しむべく、クルーズトレインも入線している。

篠ノ井線では、名古屋方面からの特急「しなの」が長野へ向かうだけではなく、かつては急行「赤倉」が名古屋から篠ノ井線経由で長野を経由し、はるばる新潟まで向かっていた。東海道側と日本海側を結ぶという役割を果たすためのような列車であった。

また、貨物輸送のルートとしても使用されており、大都市圏のコンビナートでつくられたガソリンが松本や長野まで輸送される。ただ、それより北に位置するしなの鉄道北長野駅以北には、ふだんは貨物列車は入らない。

中央本線が長野エリアにもたらす効果を最大限に発揮できるのは、篠ノ井線があるからであり、中央本線のよきパートナーとして存在し続けている重要な路線なのである。

2章

◉ファンでなくても胸躍（おど）る！

中央本線の
進化を知る

●グリーン車導入工事が進む区間は、どう変化している?●

中央線の東京〜大月間は現在、10両編成の普通車のみで運行されている。しかしそんな中央線の快速列車に、2両のグリーン車を増結し、12両編成にするという計画が進んでいる。

東京〜大月間にある駅は、特急が停車するという理由で12両編成に対応している駅もあるが、多くが10両編成しか対応できない。12両編成の快速列車が停車するためには、そのぶんホームを延伸する必要がある。

じつは、中央線快速のグリーン車は、2020(令和2)年度には導入される予定だった。しかし、ホーム延伸などの工事に時間がかかることが判明し、延期となった。2023(令和5)年度末に開業することになり、グリーン車の準備とあわせて、中央線の快速列車にはトイレが備えられることになった。

その後、トイレ設置の作業は、着々と進んでいる。しかし、肝心のグリーン車の製造に遅れが生じることになったのだ。

本書執筆中の2022(令和4)年4月27日、JR東日本は2023年度末を予定していたグリーン車のサービス開始が1年程度遅れると発表した。車両機器に欠

グリーン車の増結位置

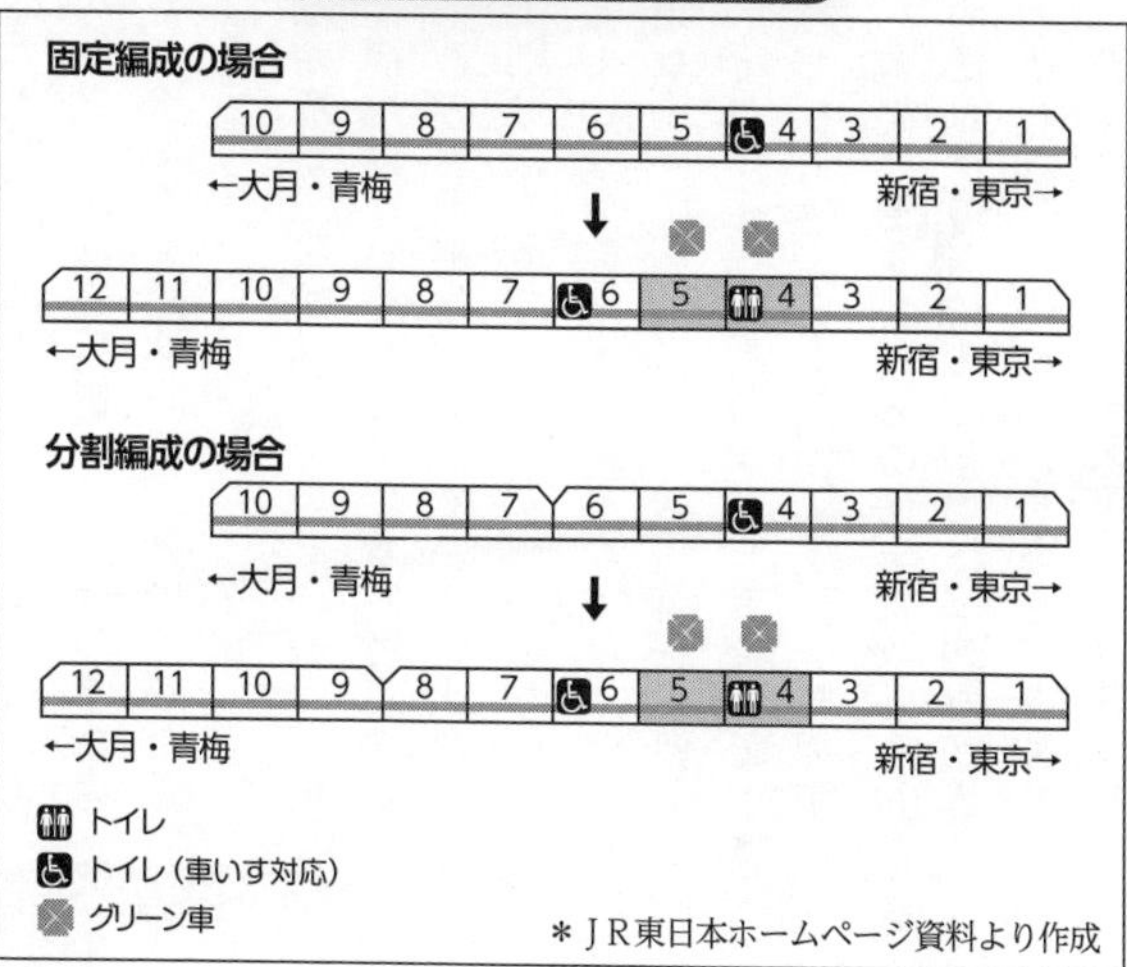

＊ＪＲ東日本ホームページ資料より作成

かせない半導体が世界的に不足している影響だという。

そんななかでも、ホームの延伸工事は進んでいる。とくに進み方が速いのは、高尾から大月のあいだで、すでに工事がほぼ完了している。

駅のなかにカーブがある四方津（しおつ）では、同じ島式ホームに段差をつけ、段差を踏み外さないように柵（さく）をつけている。また、古くからあるホームの場合は地上からコンクリートやブロックなどの構造物があるのに対し、延伸部分は地上から鉄骨を組み上げ、その上に板状のホームをつくるかたちになっている。大月寄りのホームの端（はし）に階段とエレベーターがある猿橋（さるはし）では、そのまま東京寄りホームを延伸して、というかたちになる。

なかなか工事が進んでいないのは、東京〜高尾間だ。2022年6月時点ではホームの地上部分ができていない駅や、地上部分はできていても屋根の部分が完成していない駅が多くあった。

東京〜高尾間はスペースの確保が難しく、それが工事の進行を遅らせているところがある。ホームの片側だけ延伸する、両側とも延伸するなど、パターンはそれぞれあるものの、すでに端の幅が若干狭（せば）められているホームをさらに延伸して、新たにホームにするという作業を行

延伸工事が進む中野駅高尾方面ホーム

なっている。

三鷹〜立川の高架区間では、高架駅にした際につけた大きな屋根に小さい屋根をつけ足してホームを延伸するというかたちになっている。荻窪のように高尾寄りの位置に階段がある場合、そこからさらに延伸する、というちょっと手間のかかる工事が行なわれている。

グリーン車の導入を前に、ホーム延伸工事が進んでいるものの、東京都内のホーム延伸工事はけっこう手間のかかるものとなっている。いっぽう、神奈川・山梨エリアの延伸工事は、現時点でほぼ完璧といってよい。

●中央快速線へのグリーン車導入で、駅や車両基地はどう変わる?●

中央快速線が2両のグリーン車を増結し、12両になるということは、ホームの長さを12両編成にあわせて延ばしたら、それで終わりというわけではない。

快速が停車する駅は、そのすべてが10両編成での運行に最適であるようにできているから、駅構内や線路の設備を変更する必要がある。さらには車両基地も12両編成対応にし、トイレの汚物処理なども行なえるようにしなくてはならない。

すでに進んでいるものとして、車両基地のトイレ汚物処理について説明しよう。

中央線の快速として使用されるE233系には、2019（令和元）年5月以降にトイレが設置されるようになった。

それにあわせて、豊田車両センター武蔵小金井派出所には、汚物処理の施設が設けられた。これまで豊田車両センターにこの施設はなく、特急車両などの汚物処理は甲府や松本で行なわれていた。そのための回送列車も運行されていた。

また、豊田車両センターでは、留置線の延長や短縮、トイレの手洗い水のための給水装置の設置も行なう。車両の屋上を点検するために使われる台の長さも延長するという。

ホームの延長にあわせ、線路の付け替えを行なう場合もある。延長するにあたって、スペースが少ない場合には、ポイントの移設を行なうなどの対応が必要になってくる。

三鷹駅では東京寄りの両渡り線（ふたつの線路を連絡する線）を移設し、そのぶんをホームの延長に充（あ）てる。東小金井駅でも渡り線を急角度のものに交換し、スペースを捻出（ねんしゅつ）する。

12両化にあわせて、信号設備などの移設も行なわれている。ATS（自動列車停止装置）の移設や、信号機が12両編成に対応する位置に移っていたりという変化もある。

このように、車両とホームを変えればいいだけではなく、信号装置、ポイントの位置、そして車両基地にも変化が生じていることを知れば、中央線快速グリーン車連結が一大プロジェクトであることがより感じられるはずだ。

●中央線に導入された「TASC」とは、どんなシステム?●

鉄道は、走らせることも大事だが、しっかりと停車させることも大事である。かつては運転士の技量にまかせられていたものが、いまでは機械化・システム化されるようになり、中央快速線で導入されている「TASC」はそのための装置である。

TASCとは「定位置停止装置」のことだ。列車が駅に停車するにあたり、自動的にブレーキをかけ、ホームの定位置に停止させる。もともとは新交通システムなどで導入され、ホームドアの設置によって列車を一定の位置に停止させる必要があることから、普及していった。

中央快速線では、12両化を前に、必要なホームの有効長を削減し、延長を極力避け、工事への影響を避けるために「TASC」が導入された。

TASCを導入すると、オーバーランを確実に防止することができ、ホーム延伸

TASC（定位置停止装置）の仕組み

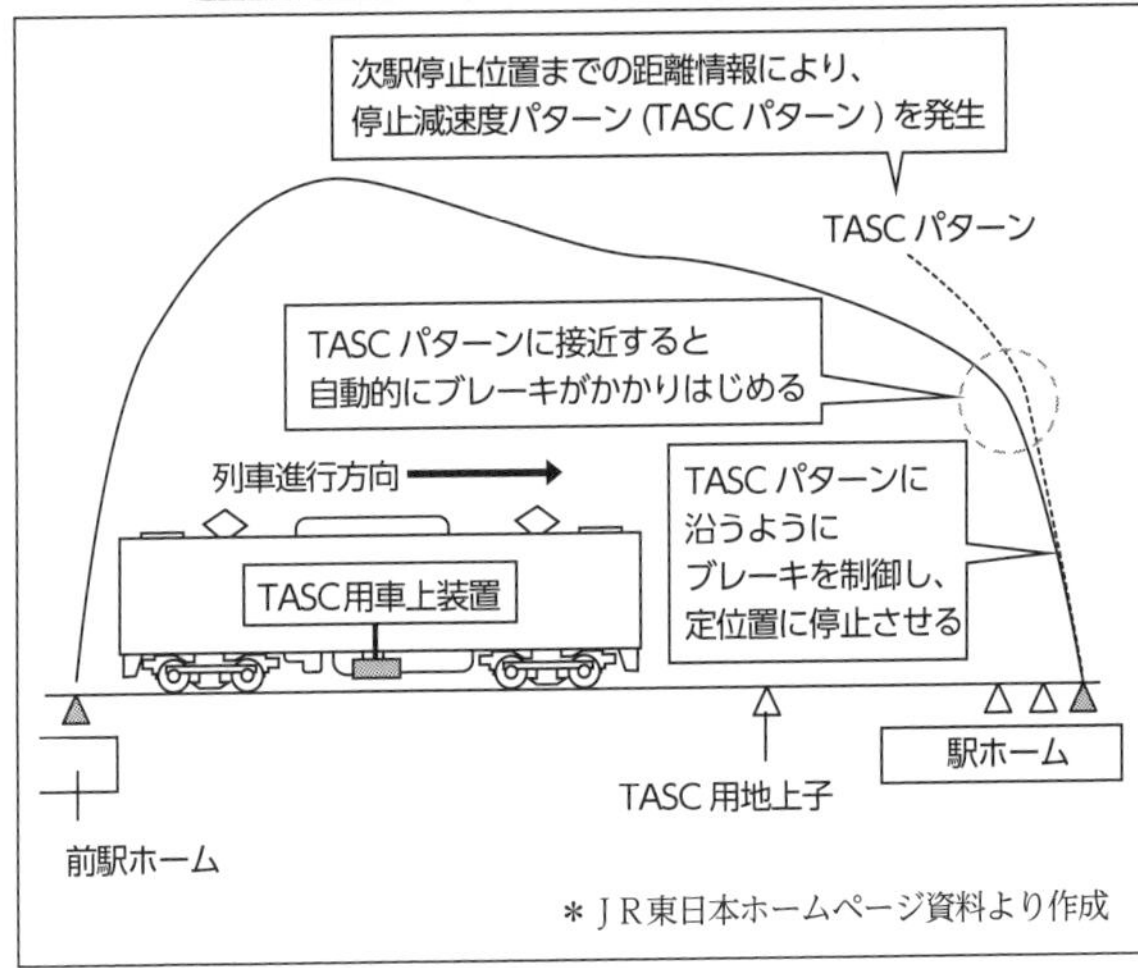

＊ＪＲ東日本ホームページ資料より作成

の長さを極限まで縮めることも、また将来ホームドアが導入される際にも、安心して一定の位置に停止させることが可能になる。

駅手前の一定区間に「電源の入っていない」位置補正用の地上子（列車の運行を制御するため、線路内に設置された装置）が３つあり、停止位置には定位置停止地上子が「電源が入った状態」で設置されている。

最初の位置補正用地上子で停止位置までの距離情報を受信したら、列車の側で停止位置まで速度をどう変化させるかの速度パターンを発生させる（ＴＡＳＣ防護パターン）。その速度パターンにあわせてブレーキを制御し、列車が減速、定位置停止地上子のあるところで自動的に停止する仕組みだ。

似たようなシステムとしてATO（自動列車運転装置）があるものの、地上区間ではこのシステムはなじまないため、中央快速線にはTASCが導入されることになった。

TASCはホームドアのある路線にはすでに多く導入されており、中央快速線も12両編成対応工事のためだけでなく、将来のホームドア設置のためにも役立つ設備となっている。

●リニア中央新幹線が開業すると、特急「あずさ」は消える?●

新しい新幹線ができるたびに、それまで近くの区間を走っていた在来線特急が廃止されるというのは、よく見られる現象である。

多くの中央本線ユーザーのなかには、リニア中央新幹線ができると、「あずさ」や「かいじ」はなくなってしまうのでは、ということを心配している人もいるだろう。長野県で「しなの」を利用している人も、似たようなことを考えていそうだ。

だが、それはおそらくない。「あずさ」は東京圏と諏訪・松本エリアを結ぶ特急

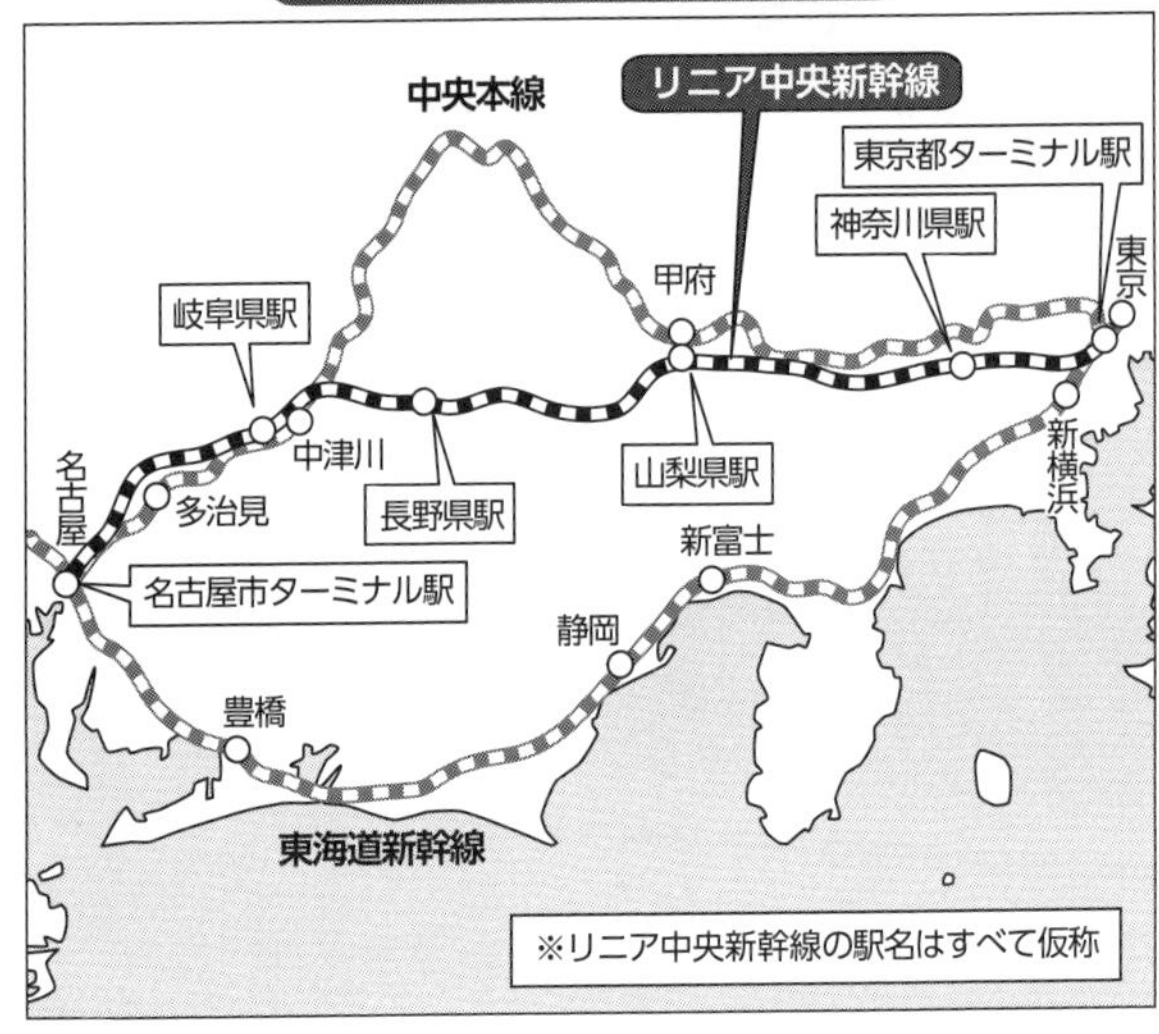

列車であり、「かいじ」は東京圏と甲府エリアを結ぶ特急列車である。「しなの」は、名古屋と松本・長野エリアを結ぶ。

いっぽうで、リニア中央新幹線で中央本線とかかわる駅としては、甲府市内・中津川市内に駅こそできるものの、その駅は在来線の駅と直結していない。

それどころか、山梨県駅（仮称）は甲府市中心部から離れた場所にあり、リニア駅とのアクセスをどうするかは、甲府市の都市計画の重要な論点となっている。

また、「あずさ」を甲府～松

本間の運行とし、リニア中央新幹線と接続するというのも、甲府駅からリニアの山梨県駅とのバス連絡という点で無理があると考えられる。

中央東線の特急は、停車駅がきめ細かに設定された東京圏への直通列車である。もし、リニア駅が甲府市内に開業しても、既存のJR駅とはどことも接続しない駅となるため、特急「あずさ」「かいじ」は残すしかない。同様の理由で、「しなの」も残ることとなるだろう。

そもそも、リニア中央新幹線は、東京圏・名古屋圏から甲信圏へのアクセス利便性を向上させるものではない。東京・名古屋・大阪といった巨大都市圏の中心部の接続を相互に強化させ、日本経済の中心となっているこのエリアを大きく発展させようという構想のもとでつくられるものであり、山梨県や長野県は最初から眼中にないと言っていい。

もっと言えば、リニア中央新幹線は「第二東海道新幹線」という位置づけでJR東海が建設するものであり、東海道新幹線と対になる路線として、巨大都市間の高速輸送を担おうとしている。

いっぽう、中央東線はJR東日本のものだ。JR東日本としては、リニアができたからといって在来線を不便にしていいということにはならず、もしなくしてしまえば中央東線が非常に不便になるというのは予想されることである。

これは、リニア中央新幹線の運行主体と同じＪＲ東海の特急「しなの」でさえ同様である。中津川と直接接続しない岐阜県駅（仮称）はバス連絡になり、中津川から長野まで「しなの」という設定をすることもないだろう。これも、リニア中央新幹線の想定される使命を考えると、廃止にするというのは考えられないことである。

このように、リニア中央新幹線が開通しても、既存の在来線との接点がターミナルでしかないということ、リニア中央新幹線の「東海道の巨大都市を結ぶ」という使命をも考えれば、在来線の「あずさ」「かいじ」「しなの」は残すしかないし、残さないと地元が大変な不便を被(こうむ)ることになるだろう。

●行楽シーズンの風物詩！臨時観光列車の魅力とは●

東西の中央本線は、ローカル輸送やビジネス客の輸送だけではなく、沿線に観光地も多くあることから、旅行客などの利用も多く、平日・土日祝日共ににぎわっている。

そんな中央本線には、観光客に利用してもらおうと、行楽シーズンには多くの列車が走っている。

中央東線では特急の増発だけではなく、臨時の快速列車などもよく運行され、観光客はそのための特別車両を利用した列車に乗り、自然豊かな中央本線沿線を楽しむ。中央西線は旧中山道に沿って走るということもあり、中山道の宿場町観光を目的とした列車がある。

JR東海では、秋の行楽シーズンに、急行「中山道トレイン」を運行する。使用車両は373系だ。全車指定席の急行列車で、名古屋～奈良井間を結んでいる。乗客には、ヘッドマークミニタオルと、通行手形を模した乗車証明書が贈られる。

2020（令和2）年の「中山道トレイン」では、終着駅の奈良井で関所風のイベントを実施し、乗客を出迎えた。乗客限定で、江戸時代の風情を感じながら奈良井宿へ向かい、ここに潜む〝お尋ね者〟を見つける「かくれんぼ企画」にも参加できた。ふだんは特急しか速達列車が走らない中央西線でも、比較的料金の割安な急行で運行し、使用車両も中央西線では珍しい373系を使用するなど、興味深さ満載の列車である。

しかし、中央東線はもっとすごい。全車グリーン車指定席のお座敷列車、485系「華」を使用した「お座敷桃源郷パノラマ号」などが、行楽シーズンごとに走っている。

山梨県は桃の栽培がさかんであり、春になると桃の花が各地で咲く。夏から秋にかけては桃やぶどうの収穫期だ。この時季には多くの観光客がこの地に押し寄せる。

その観光客を対象にした、ちょっとぜいたくな列車が、お座敷列車として運行される。しかも、乗車券のほかはグリーン料金のみで乗車できる列車であり、ふだんは乗ることができない貸し切り用の車両である。

中央東線には、「お座敷桃源郷パノラマ号」のほかにも、「パノラマエクスプレスアルプス」など車内からの眺望(ちょうぼう)を売りにした車両や、お座敷列車の「なのは

中央東線を走る「お座敷桃源郷パノラマ号」

な」「ニューなのはな」などが入線し、観光客向けの列車として運行されていた。また「ホリデー快速」などの観光客向け格安列車も、コロナ禍前は人気だった。

　本書執筆時の現状では、コロナ禍で観光需要が落ちこんでいるものの、以前の中央東線は〝特急街道〟であるだけでなく、観光列車が多く走る路線でもあった。

　コロナ収束後にふたたび中央東線に観光客が戻り、多くの観光列車が運行されることを願ってやまない。

●オレンジの電車と黄色い電車が完全分離！●

　かつての中央緩行線は、深夜になると東京発のオレンジ色の帯の列車と、千葉方面からやってくる黄色い帯の列車が混在して運行されていた。千葉方面からやってきた黄色い帯の列車が、武蔵小金井まで行くということもあった。

　だが、この状況は２０２０（令和２）年３月のダイヤ改正で終わることとなった。

　そもそも、なぜ混在していたかというと、深夜時間帯は列車の本数を減らすため、どうしても緩行線の各駅停車の列車を多く走らせなければならなかったためだ。

　この時間帯は、東京駅から緩行線の列車を運行させ、総武線方面からの緩行線列車は御茶ノ水駅で折り返していた。だが、総武緩行線からの列車も引き続き中央緩行線で運転するという運用も存在していた。なぜ、可能だったのかといえば、中央線は快速線も緩行線も共に10両編成だったからだ。

だが、中央快速線にグリーン車が連結され、12両編成となることが決まった。それにともない、中央快速線の各駅ホームにホームドアが設置されることにもなった。そのため、東京発の緩行線列車がなくなり、深夜帯の中央緩行線列車は総武緩行線から乗り入れるという形態になったのだ。中央快速線の編成両数と中央緩行線の編成両数があわなくなるので、東京発の列車は深夜も快速となる。

2022（令和4）年3月のダイヤ改正では、平日の0時以降に東京駅を発車する中央線快速は東京0時05分発、武蔵小金井に0時46分に着く列車が1本設定されている。いっぽう、平日0時以降に御茶ノ水駅を発車する中央緩行線列車は5本、最終は0時36分発で、中野に0時59分に着く。

このダイヤだと、0時05分よりあとに東京駅を出て中央線の各駅に帰るには、いったん山手線などで秋葉原まで出てそこで乗り換え、総武緩行線から中央緩行線に直通するという利用のしかたしかできなくなった。中央緩行線経由で、三鷹まで帰れるのは御茶ノ水0時18分発までだ。

オレンジ色の帯の列車と黄色い帯の列車が完全分離され、それに終電のくり上げが加わることで、東京駅から深夜に遠くまで帰るというのは、ほぼ困難になった。

この完全分離は、中央緩行線のホームを12両編成対応にすることも困難であり、いっぽうで中央快速線のホームを12両編成対応だけではなく、グリーン車も連結してのホームドア対応としなくてはならないという条件のなかで、必然的に生まれたものと考えるのが妥当ではないだろうか。

●快速の混雑緩和がいっこうに進まなかった理由とは●

朝ラッシュ時の中央線快速列車の混雑は多く知られているが、昼間の時間帯も同様だ。とくに「中央特快」の混雑は激しく、立席でしか乗れないケースも多い。

中央緩行線の中野〜三鷹間は、平日昼はそれほど混雑していないが、御茶ノ水〜中野間は、中央快速線ほどではないものの若干の混雑が見られる。

中央快速線の中野〜三鷹間の「快速」は、並行する中央緩行線の同区間の普通列車と同じく、各駅に停車する。このエリアから都心に向かう人は、ほとんどの場合、中央快速線に乗る。緩行線で新宿、あるいはその先へ向かおうとする人は少なく、むしろ東京メトロ東西線に乗り入れる列車のほうが好まれる傾向がある。

ネット上などでは、よく「杉並三駅問題」として「高円寺・阿佐ケ谷・西荻窪は通過すべきだ！」という主張が見られるが、土日祝日の中央快速線はこれらの駅を通過する。

中央快速線では行けるが、緩行線では行けない駅といえば、東京駅である。東京駅周辺で働くオフィスワーカーは、平日仕事、土日祝日休みという人が多い。だからこそ、中央線の快速は中野～三鷹間で停車し、東京駅方面への直通需要を満たさなくてはならない。

いっぽうで、中央緩行線自体にも問題がある。中央緩行線は三鷹止まりとなっており、三鷹～立川間の複々線計画はあるにはあったものの、快速線用の高架線をつくる際にその用地の大部分を使ってしまった。国鉄時代の「通勤五方面作戦」（100ページ参照）で各方面の複々線化などが検討され、多くは実行されたものの、中央線については三鷹止まりで終わってしまったのだ。

もし、このとき立川までの複々線化が実現していたならば、中央線の混雑もだいぶ変わっていたのではないだろうか。国鉄時代に中央線を立川まで複々線化できなかったことが、いまの時代にまで尾を引いているというのが正直なところだろう。

中央線の悲劇として、住宅開発がどんどん進んでいくのに対し、線路の増設は思うように進まなかったということがある。とくに三鷹より先が急速に宅地化し、通勤客がどんどん増えていったのに対し、複々線化という対策を取れる状況ではなかった。そのときに複々線化できていれば、混雑の解消は可能だったはずだ。

また、中央線の複々線化は、東北本線や常磐線の複々線化とは異なり、用地が確保しにくかったという事情もある。

ただ、コロナ禍で朝ラッシュ時の利用客が少なくなり、中央線の運行本数も2022（令和4）年3月のダイヤ改正で減少したことを考えると、以前ほどの混雑はなくなっているというのが、現実ではないだろうか。

●特急のチケットレス化が進む中央東線●

中央東線のほとんどの区間は、Ｓｕｉｃａで乗ることができる。篠ノ井線の塩尻～松本間も同様だ。また、岡谷～塩尻間の「大八廻り（だいはちまわり）」（106ページ参照）は、全線を通過する場合に限ってのみ、Ｓｕｉｃａを利用できる。辰野などの各駅で下車する場合には、紙のきっぷを買わなくてはならない。

ＪＲ東日本のＳｕｉｃａエリアと、東京近郊区間内（じっさいに利用する経路にかかわらず、もっとも安くなる経路で計算した運賃で乗車可能な区間）は、ほぼ重なっている。このエリアでは、区間内の乗車券は営業キロにかかわらず有効期間は１日となっている。ちなみに、東京から松本までは、営業キロは235・4キロメートルで、東京近郊区間でなければ有効期間は3日だ。

東京近郊区間が韮崎(にらさき)から松本まで拡大したのは、2014(平成26)年4月のことである。Suicaエリアの拡大とあわせてだ。ちなみに、大月~韮崎間は2004(平成16)年10月に、大月までは1973(昭和48)年4月には、すでに東京近郊区間になっていた。

2004年の東京近郊区間の拡大により甲府が、2014年の拡大では松本がSuicaエリアとなり、Suicaで乗車して紙の特急券を買えば、特急に乗車することができるようになった。

だが、そうする人はほとんどいなかった。多くの人が特急列車用の回数券「あずさ回数券」を使用していたからだ。「あずさ回数券」は山梨県や長野県に住む乗客に多く利用され、駅近くの金券ショップでは定番の商品だった。ふつうに乗車券と特急券を買う場合と比較して、大幅に安いことが支持されていたのだ。

だが、2017(平成29)年12月、特急列車として導入されたE353系の座席の上、荷棚の下には小さなランプが設置されていた。このランプは、「この指定席に予約が入っているかどうか」を示すものだった。すでにこのシステムが導入されていた常磐線の特急は全車座席指定となっており、回数券などはなくなり、「えきねっと」でのチケットレスサービスが導入されていた。

このランプがあるのを知り、「あずさ」「かいじ」でもチケットレスサービスが導入されるということを筆者は予想した。その予想は当たり、2019（平成31）年3月のダイヤ改正で中央線特急は全車座席指定となり、「あずさ回数券」は廃止され、チケットレスサービスが導入されたのだ。

チケットレスサービスの特急料金は、紙のきっぷで特急券を買う場合より、100円安くなっている。いっぽう、「あずさ回数券」とほぼ同等の価格で利用できる格安サービスは、「えきねっと」を使用した「えきねっとトクだ値」によるものになった（なお、「えきねっとトクだ値」は「あずさ回数券」廃止以前から存在していた）。

チケットレスサービスの導入で、「えきねっと」で指定席を予約して電子的に特急券を発行し、乗車券部分はSuicaを使用することができるようになった。すでにSuicaで松本まで行けるようになったものの、紙の特急券だけ買うというのは中途半端だったことは否めない。その意味では、システム的には向上したといえる。それでも、「あずさ回数券」廃止は地元からの反発が大きく、チケットレスサービスは実質的な値上げだという声があったのもたしかだ。

ただ、チケットレスサービスの利用で、「みどりの窓口」や「指定席券売機」にいちいち行かなくてもいい、というのもまたたしかだ。さらに、自由席があったころはシーズンによってはどの列車も混雑がひどく、それも問題になっていた。

中央東線特急の利用のしかたは、どんどん変わる。

●新登場の「はちおうじ」「おうめ」は、どんな列車?●

中央東線の特急は、以前から定期券と特急券で乗車することが可能になっていた。東京・新宿から八王子までの特急券を買い、定期券と組み合わせて乗る人もいた。

いっぽう、中央東線や青梅線では、特急列車の間合い運用（特急車両を車両基地に入出庫したり、特急車両を動かさないでいる時間帯を使用したりして、列車を走らせること）で運行される座席指定の通勤ライナー「中央ライナー」「青梅ライナー」もあった。東京〜高尾・青梅間で全席指定という列車である。

中央東線の特急車両をE353系に統一（次項参照）し、新しい座席指定のチケットレスシステムを導入、全列車指定席化するのにあわせ、これらの列車も特急「はちおうじ」「おうめ」となり、東京〜八王子・青梅が運行区間となった。2019（平成31）年3月のダイヤ改正のことである。なお、運行は平日のみだ。

この際に、特急「はちおうじ」は下り6本・上り2本、特急「おうめ」は下り1本・上り1本が設定された。「はちおうじ」の停車駅は東京・新宿・立川・八王子、「おうめ」の停車駅は東京・新宿・立川・拝島(はいじま)・河辺(かべ)・青梅である。2020（令和2）年3月のダイヤ改正では「おうめ」が下り1本増発、代わりに「はちおうじ」が1本減便した。

これらの列車が設定されたことにより、通勤利用者に快適な着席サービスが提供され、しかも「みどりの窓口」「えきねっとチケットレスサービス」でふつうの特急券と同じように特急券を買えるようになったという効果があった。

また、座席指定の通勤ライナーの着席券購入は特急のチケットレスサービスとは別のサービスで統一することになった。これにより、特急料金を設定できることになり、増収も可能になる。いっぽうで、乗客にとっては負担増ということにもなる。

だが、コロナ禍が長引き、これらの列車には厳しい状況がやってくる。2022（令和4）年3月のダイヤ改正では、「はちおうじ」は下り3本・上り2本、「おうめ」は下り2本・上り1本となった。下り「はちおうじ」の本数は登場時の半分になっている。このほかに「はちおうじ」は下りが1本臨時列車になった。また、東京23

時00分発の最終「はちおうじ」は利用者が少なくなったため廃止となった。

通勤ライナーから格上げとなり、近距離でも便利に利用できることをめざして設定された特急は、近年の利用者減により本数が削減されている。今後は、中央線快速のグリーン車とどう棲み分けを図るかも課題になるだろう。

●中央東線特急を「E353系」に統一したJR東日本の戦略とは●

かつて中央東線には、さまざまな特急車両が走っていた。181系と183系が混在していた時期もあれば、183系だけになった時期もある。JRになってからグレードアップタイプの車両が導入された時期もあった。1993（平成5）年にはE351系が登場、「スーパーあずさ」に投入された。

当時の「あずさ」は、E351系車両、183系のグレードアップ車両、183系の非グレードアップ車両が混在し、さらに非グレードアップ車両は「かいじ」に使用されていた。

しかも、どの車両を使用するかは、すべて時刻表を読めばわかるようになっていた。かつての『JTB時刻表』は現在と違い、使用する特急車両がひと目でわかるようになってはいなかったものの、列車名（「スーパー」とそうでないもの）とピンク色のページに掲載されている編成表などを照らし合わせれば、どんな車両が使用されるかわかるようになっていたのだ。

どの列車にどんな車両が使用されるか、というのが定まっているということは、何かあったときに柔軟に列車の運用をやりくりできないということである。

この状況は、２００１（平成13）年にＥ２５７系が導入されたときにも続いた。Ｅ２５７系は、速達性よりも快適性に重点を置いた車両であり、最高速度こそＥ３５１系と同じ時速１３０キロではあるものの、車体傾斜装置などは搭載されていなかった。

この車両の登場により、１８３系（と長野新幹線開業による余剰の１８９系）はしだいに定期列車での運用がなくなり、臨時列車のみとなった。

こうして、Ｅ３５１系とＥ２５７系のみとなった。しかし、両者は走行性能と車両の性格がかなり違っていた。古いＥ３５１系は速達性にすぐれた振り子式車両だが、メンテナンス性に難がある。新しいＥ２５７系は、汎用性などですぐれているものの、Ｅ３５１系ほどの高速性能はなかった。

現在、中央東線の特急はＥ３５３系に統一されている。「あずさ」の「スーパー」とそうでないものの差別化をやめ、「かいじ」とも車両の性能を統一し、全列車を統一感があるように運行し、サービスの平準化を図る。それこそが、E353系投入の目的だったのだ。

これにより、車齢が高く、メンテナンス性に難があったE351系は廃車にし、E257系は「踊り子」などに使用するために改造するということになった。

車両の統一により、運用面でのさまざまな配慮がほぼ必要なくなる。9両編成車両と12両編成車両の違いというものはあるものの、12両編成車両は9両編成に付属編成の3両を足したものである。

E353系は、空気ばねによる車体傾斜装置を装備しており、曲線の多い中央東線でも十分に速度を出して運行することが可能だ。いっぽうで「あずさ」「か

2017年12月にデビューしたE353系

いじ」全車両も共通化されたことで、JR東日本としても扱いやすくなっている。

●JR東日本とJR東海、振り子式車両の違いとは●

中央東線を走ったE351系は、JR東日本としては唯一(ゆいいつ)の振り子式車両だった。JR西日本やJR四国、JR九州が振り子式の車両を送り出しているのに対し、JR東日本は、ただひとつしか振り子式車両をつくることができなかったのだ。

いっぽう、中央西線のJR東海は、そもそも在来線特急電車の車両自体が少なく、振り子式車両の383系と、汎用特急型の373系電車だけである。両社とも唯一の振り子式車両が、塩尻から松本まで同じ線路の上を走っていたのだ。

E351系は、1993(平成5)年に量産先行車が、1995(平成7)年から1996(平成8)年にかけては量産車が導入され、「スーパーあずさ」のみに使用されていった。

制御付自然振り子装置を採用し、車体は普通鋼を使用した。パンタグラフは屋根上に直接搭載せず、台車枠と直結した支持台に設置されていた。地上設備の対応を行なわなくとも、曲線で車体を傾斜させても問題はないという仕組みだ。

383系は、381系(139ページ参照)の後継車両として製造され、1995年から営業運転を開始した。１９９６年には量産車が登場、「しなの」の車両を置き換えていった。ベアリングガイド式の車体傾斜機構を持ち、自己操舵台車を備えている。車体はステンレス、パンタグラフは屋根上に搭載されていた。

さまざまな工夫が取り入れられたＥ３５１系と３８３系。Ｅ３５１系はすでになくなってしまったが、３８３系はいまも活躍し続けている。後継の車両もいずれ出てくると思われるが、まだそのような話は出てきていない。

Ｅ３５１系が姿を消した要因として、車体が普通鋼で重く、かつパンタグラフなどの設備が複雑であったことが挙げられる。消費電力も大きく、メンテナンス性に問題があったことが考えられる。

いっぽう、３８３系はステンレス車体で軽く、車体傾斜は３８１系の自然振り子式とは異なり、ベアリングガイドで自動的に行なうというものだったが、パンタグラフ周りの機構は複雑ではなかった。ＪＲ東海は、すでに３８１系で振り子式特急車両を使用するノウハウを持っており、それを３８３系に活かしたといえる。

すでに中央西線では国鉄時代から３８１系が使用されており、そのために地上設備も振り子式に対応するようになっていた。そもそも、３８１系はアルミニウム合金を使用した軽量の車体を使用していた。急曲線を高速で走るための振り子式特急に、重い普通鋼は不向きであることを、JR東海はわかっていたのだ。

このようにJR東海は、車両づくりにも、線路や架線などの整備にも、振り子式車両を扱うノウハウを持っており、それが383系の成功の理由となったといえる。

E351系は、試作的な意味合いで中央東線に導入され、結局は「スーパーあずさ」にしか使用できなかった。この車両の「失敗」は、E353系の導入時に活かされることになる。

●名古屋エリアの中央本線が8両編成で統一された事情とは●

2022（令和4）年3月のダイヤ改正で、中央本線名古屋エリアが8両編成に統一された。そのために、ダイヤ改正直前から新型車両315系も導入された。

名古屋エリアはこの改正まで、4両・6両・8両・10両と長さの異なる編成が混在していた。朝ラッシュ時には10両編成、夕方時間帯は短い編成という運転状況もあった。神領（じんりょう）車両区の211系や313系には、4両編成や3両編成などさまざまな長さの車両があり、それらを組み合わせて運行していたのだ。

しかし、夕方に輸送力が大きく求められるなか、短い編成の列車を走らせては、乗客へのサービスにはならない。

その状況を改善するために、315系の導入にあたっては全編成8両の固定編成とし、すべての車両をこれに置き換えるという。2023（令和5）年度末の置き換えをめざしている。

そう聞くと「朝ラッシュ時に運行される10両編成よりも、2両減っているではないか」と考える人もいるだろう。そこは、朝ラッシュ時の1編成あたりの車両数が減る代わりに、運行本数を増やすことで輸送力を確保している。

編成を統一することには、さらなるメリットがある。列車ごとの「混雑しているか、空いているか」の差がなくなり、利用者に快適に利用してもらえるのだ。JR東海からすれば、編成の組み合わせを考える必要も、また乗客への案内の際に「次に発車する列車は何両編成か」を伝える必要もなくなる。混結編成をなくすことによって、駅や車両基地での組み替え作業の手間を減らすこともできる。

名古屋エリアで使用されている車両には、211系の一部車両のようにトイレがないものもこれまではあった。8両編成に統一されたことで、全列車にトイレが設けられるようになり、サービスの平準化がなされるようになった。

合理的に車両を運用できるようにするため、名古屋エリアは8両に統一され、時間帯によっては増発することになったのだ。

3章

◉新鮮な発見が目白押し！

中央本線の
路線を知る

中央本線の「ＪＲ東日本とＪＲ東海」の境界はどこ？

中央本線は、塩尻駅を境に中央東線と中央西線に分かれる。中央東線はＪＲ東日本、中央西線はＪＲ東海となる。なお、松本方面へと向かう篠ノ井線は、ＪＲ東日本の管轄だ。そんなこともあってか、塩尻駅はＪＲ東日本が管理している。

ＪＲのほかの境界エリアのように、ＪＲになってから分断が起こってしまったというわけではなく、国鉄時代からこのように分かれていた。

では、ＪＲ東日本とＪＲ東海の境界はどこにあるのか？

時刻表の索引地図を見てみると、中央西線の塩尻の次、洗馬とのあいだに境界線がある。境界駅は塩尻駅と定められている。

もっとも、その境界線は、洗馬というよりも塩尻に近い。塩尻駅構内の第一場内信号機のところに、両社の境目を示す境界柱が立っている。ここまでが塩尻駅が管理するエリアと言ってもいい。

塩尻駅のほかにも、別路線との境界ではあるが、駅とその先少しまではＪＲ東日本が管理し、さらにその先はＪＲ東海が管理するところがある。たとえば甲府駅だ。

この駅には、中央東線と身延線のホームがあり、駅自体はＪＲ東日本が管理している。身延線の列車がホームを発車すると、JR東日本が管理する区間を少しだけ走り、下り第一場内信号機のところからJR東海が管理するようになる。

辰野(たつの)駅も似たようなところがある。ここも、上り場内信号機に境界があり、そこから飯田線だ。

飯田線の列車は、中央東線の岡谷(おかや)まで乗り入れるものが多い。同じように、中央西線の列車は、篠ノ井線を普通列車は松本まで、特急は長野まで乗り入れる。なお、身延線の列車は中央東線には現在は乗り入れていない。

中央西線から篠ノ井線に乗り入れ、松本や長野まで利用する人も多いので、境界駅はともかく、境界そのものを意識す

塩尻〜洗馬間にある両社の境界柱

る人は少ないだろうが、塩尻のすぐそばに、ふたつのＪＲの境界があるということは、知っておいていいかもしれない。

東京～名古屋間400キロ完乗にかかる時間は？

東京から名古屋に向かうというとき、多くの人は東海道新幹線を利用するだろう。1時間34分から39分といったところが、「のぞみ」の所要時間である。「ぷらっとこだま」を使用してのんびりと名古屋に、という人もいるが、こちらは2時間40分くらいだ。

中央本線は、もともと幹線である東海道本線を補佐する役割でつくられた。しかしいままでは、東京から名古屋までを通しで運行する列車はない。では、中央本線で東京から名古屋まで行くには、どれだけの時間がかかるのだろうか。

朝8時00分新宿発の「あずさ」5号に乗るとしよう。乗り換え駅である塩尻には停車しない「あずさ」もあるので要注意だ。「あずさ」5号は10時27分に塩尻に着く。この時点で同時刻に東京を発車した「のぞみ」は名古屋に着いている。

塩尻発「しなの」8号は、11時02分発だ。13時01分に名古屋に着く。新宿からでも5時間はかかる計算になっている。

「あずさ」は毎時00分に新宿を発車し、「しなの」は多くは長野駅00分発車（違いは多少ある）、塩尻はその1時間03分くらいあとに発車する。タイミングのいい連絡というのがなかなかできない状況だ。特急と新幹線を比較するというのも酷かもしれないが、名古屋に行くのなら、やはりだんぜん新幹線である。

では「青春18きっぷ」で行くことを考えて、普通列車ではどうか。だいたい同じくらいの時間帯で考えてみよう。

東海道本線では、東京を朝8時00分に発車する普通列車に乗ると、9時50分に熱海に着く。10時00分に熱海を出て、11時21分静岡発、12時46分浜松発、13時20分豊橋発新快速と乗り継いでいくと、名古屋着は14時12分。所要時間は6時間12分となる。

では、中央本線を使うとどうなるか。朝7時55分に東京駅、8時09分に新宿駅を発車する列車に乗る。9時18分（平日）高尾発、10時59分甲府発に乗り、塩尻には12時37分に着く。

13時08分に塩尻を出て、15時15分に中津川着。同駅を15時19分に出発し、名古屋着は16時35分だ。8時間40分はかかる。なお、中央西線の塩尻～中津川間は本数が少ないため、普通列車で行こうとする場合は事前に時刻表をしっかりチェックしておく必要がある。

普通列車だとだいたい条件は同じだが、3時間近く余計にかかるとなると、中央本線がそれだけ遠回りする路線であると言える。

中央本線は東西両線とも景色のよさは格別だが、単純に東京と名古屋を移動するだけならば、どうしても東海道新幹線「のぞみ」が圧勝となってしまう。結局のところ、「中央本線は東海道本線をアシストする」という役割は困難だったということになる。

▼「アルプス」「きそ」「ちくま」…懐かしの中央線急行たち

1961（昭和36）年10月のダイヤ改正は「サン・ロク・トオ」と呼ばれ、それまでは東海道・山陽・九州系統がメインで、東北に「はつかり」があるだけだった特急が、全国を走るようになった。

しかし、幹線の長距離区間に特急が制定されたのみで、それらの幹線にくらべると距離の短い中央本線には、特急が走ることはなかった。

中央東線特急「あずさ」は1966（昭和41）年12月、中央西線特急「しなの」は1968（昭和43）年10月改正で登場した。それまでは中央東線・西線とも急行が最優等列車であり、当時の特急乗車時間から考えると、中央本線に特急はいらないと考えられているかのようだった。

「ヨン・サン・トオ」と呼ばれた1968年10月の時刻表を見てみよう。中央東線は、「アルプス」を中心に、急行列車を中心とした運行体系が形成されていた。

「アルプス」はおもに165系急行型電車（133ページ参照）を使用し、1等車（現在のグリーン車）と2等車（現在の普通車）、ビュッフェ車が連結されていた。1等車はリクライニングシートだったものの、2等車は向かい合わせの固定式クロスシートであり、いささか窮屈だった。この「アルプス」には、飯田方面へ向かう「こまがね」が連結されている列車も多かった。

意外な「アルプス」として、気動車を使用した糸魚川行きの列車も運行されていた。この列車からは、大月で「かわぐち」、小淵沢で「八ヶ岳」が分離していた。また、この列車の運用の関係で、全線架線下を走る「アルプス」「こまがね」も存在していた。なお、急行型気動車にはビュッフェはなかった。

「アルプス」には夜行列車もあり、中央東線の昼行列車がすべて特急になっても長らく急行として残り続けたが、2001（平成13）年に上り夜行が臨時列車化され、2002（平成14）年12月には下り夜行が廃止された。

「ヨン・サン・トオ」のとき、中央西線にはようやく特急「しなの」が走りはじめるようになったものの、まだ1往復しかなかった。しかも、キハ１８１系気動車（137ページ参照）を使用した特急である。中央東線「あずさ」が電車特急であることと比較すると、たしかに見劣りはしただろう。

しかし、キハ１８１系気動車は当時の気動車製造技術では最高峰の車両であり、中央西線が最初に投入された路線であった。キハ１８１系は、その後も勾配の多い路線に投入されていった。

同時期の中央西線は、気動車急行がメインとなっていた路線だった。名古屋～長野間を走る「きそ」は、中央西線を代表する急行列車だった。臨時で大糸線の南小谷行きや、松本電鉄（現在のアルピコ交通上高地線）に乗り入れて新島々に向かう列車もあった。1往復だけ客車列車があり、寝台車が連結されていた。

現在の鉄道とはスケール感が異なる急行もあった。「赤倉」である。「赤倉」は名古屋～新潟間を中央西線・篠ノ井線・信越本線経由で結ぶ昼行急行であり、名古屋11時00分発、新潟19時34分着と、8時間以上かかっている。

中央西線電化後も長らく気動車急行として残り続け、１６５系急行型電車になったのは１９８２（昭和57）年11月ダイヤ改正のこと。１９８５（昭和60）年3月改正まで運行を続けた。

最近まで残ったものといえば、「ちくま」である。定期列車は大阪〜長野間を気動車で走り、臨時列車は大阪・名古屋〜長野間を客車で走った。昼間の時間帯の列車もあれば、夜行の列車もあった。夜行列車は気動車で運行され、座席車のみだった。1978（昭和53）年10月の改正で夜行は12系座席車と20系寝台車となり、1986（昭和61）年改正では寝台車は14系に替わった。

その後も「ちくま」は中央西線の昼行列車が全列車特急になっても、急行で残り続けた。1997（平成9）年には特急と共通運用され、383系が使用される。2003（平成15）年に臨時列車になり381系に。そして、2005（平成17）年に運転終了となった。

運賃だけで乗れる急行「特別快速」は中央線が発祥！

中央線の「快速」は、もともと「急行電車」と呼ばれていた。乗車券とは別に料金が発生する「急行列車」ではなく、私鉄の「急行」と同じように、特別な料金を必要とせずに速達サービスするものである。

1933（昭和8）年9月に中央線の御茶ノ水〜中野間が複々線化した際に、列車線を使用して朝夕ラッシュ時に運行されたのが最初だ。この複々線化で、急行線（列車線）と緩行線（電車線）が分けられた（35ページ参照）。

この「急行電車」が、のちの「快速列車」、そして「中央特快」「青梅特快」の源流となっていく。1944（昭和19）年3月には、休日にも急行電車の朝夕ラッシュ時運行が拡大した。戦時中で、多くの人が「月月火水木金金」の状況で働いていたからだと考えられる。1959（昭和34）年11月からは、平日に限って急行電車の終日運転を行なうようになった。

「急行電車」が「快速電車」になるのは、1961（昭和36）年3月のことだ。前年に急行「アルプス」が運行されるようになり、有料と無料の「急行」があるのがまぎらわしいという状況を解消するためであった。

また、東海道線では、戦前から京浜線（現在の京浜東北線）と東海道本線が複々線化で別線となっており、京浜線は緩行線、東海道本線は急行線という役割を果たしてきたが、中央線では路線名を分けることをせず、列車種別で分けていたという事情がある。

中央線の複々線が延伸していくいっぽう、快速列車の利用は進み、1967（昭和42）年7月には国電区間（現在の「電車特定区間」と意味は同じ）が中野から高尾まで延伸される。この際に「特別快速」が運行されるようになった。中央線では「東京発の快速は中野からは各駅停車」「新宿発の中距離列車は立川まで無停車」という棲み分けがあったため、東京発の多摩方面への速達需要をまかなうために必要なものだったのだ。

当時の「特別快速」は、国分寺には停車しなかった。「特別快速」が「快速」を退避（追い越し）することができなかったからだ。その後、1988（昭和63）年12月に国分寺駅のホームが2面4線となる。ここで「特別快速」が「中央特快」「青梅特快」に分かれた。「中央特快」は国分寺停車、「青梅特快」は国分寺通過となったが、のちに「青梅特快」も停車するようになる。

関西で「新快速」が登場したのは1970（昭和45）年10月のことであり、中央線の「特別快速」よりもあとだ。中央線「快速」の上位種別として「特別快速」を設け、私鉄の急行や無料特急のようにしたのは、国鉄でははじめての試みであった。

▼特別快速は京王線に対抗して設定された?!

1章でも触れたが、中央線と京王線は新宿～八王子間で熾烈な争いをくり広げている。そのせいか、中央特快と京王線の特急をライバル視する人も多い。

京王線で特急が運行されるようになったのは、1963（昭和38）年10月のことである。このとき、最速40分で東八王子（現在の京王八王子）に着いたという。

京王線が急行の運転を開始したのは、1949（昭和24）年9月のことだった。中央線よりも駅間距離が短い傾向がある京王線は、多くの駅に停車していた。そのため、優等列車を走らせ、遠方への速達化に力を入れたのだ。

いっぽう中央線の特別快速は、前項でも触れたとおり、1967（昭和42）年7月に運行を開始した。

当時の中央線は複々線が中野から荻窪までできたばかりで、多くの人が快速に集中し、加えて平行ダイヤ（すべての列車を同じ速度で等間隔に運行すること）だったため、どうしても速達性に難があった。

速達性にこだわる人は、新宿発の中距離列車に乗り、立川や八王子で下車していたと考えられるが、中距離電車の本数そのものが少なかった。そのため、東京発の快速のなかで速達性を重視する列車を走らせる必要性が高まり、特別快速の登場ということになった。

特別快速は、最初は中野までは快速線の各駅、その先は三鷹・立川に停車し、立川からは各駅に停車していた。このころは40分程度で新宿〜八王子を結んだ。

ただし、同区間を走る有料特急の所要時間は37分から39分。特別快速とほとんど変わらなかった。中距離電車も45分程度かかった。つまり、新宿から八王子までは、快速を除けば、どの列車に乗っても40分から45分程度の時間がかかっていたわけだ。特別快速の所要時間を見るに、先に運行を開始していた京王線の特急を意識したものであり、京王線に立ち向かうために設定されたという説も、正しいとはいえる。

ただ、京王線は駅が多く、そのぶん各駅停車や急行だと所要時間がかかるという問題から、特急を設置することになったと考えられる。いっぽう、特別快速、のちの中央特快は平日の朝ラッシュ時など、運転されない時間帯もある。そうなると、通勤特快や通勤快速を利用することとなるが、ダイヤの関係で、中央特快よりも時間がかかる場合もある。

現在も中央特快・青梅特快と京王線の特急、さらに中央線特急「はちおうじ」と京王線の座席指定列車「京王ライナー」は、熾烈なライバル争いをくり広げているいっぽう、それぞれの路線で速達タイプの列車として、その役割を果たしている。

▼八王子と拝島をめぐる私鉄との熾烈な競争とは

中央線は、人口の多い地域を走っている。あるいは中央線の路線ができてから人口が増えていった地域もある。

そうなると、その地域を走る別の路線も出てくる。もちろん、完全に平行な路線はないが、中央線とある程度距離の離れたところで、似たような輸送使命を持つ路線が出てくるのは当然のことである。

そのひとつは京王電鉄京王線だが、じつは京王線のほかにも隠れた「ライバル路線」がある。西武新宿線と、西武拝島線だ。

西武新宿線は、西武新宿や高田馬場から、所沢へ向かう路線というイメージが強い。その先の終点は、本川越だ。小平では拝島線と分岐し、西武新宿から拝島への直通列車もある。

拝島に向かう列車は、各駅停車だけではなく、準急・急行といった、比較的上位の列車種別もある。準急・急行は西武新宿を発車し高田馬場を出ると、鷺ノ宮、上石神井に停車し、準急は上石神井から、急行は田無から各駅に停車する。拝島方面への速達性を重視したダイヤとなっている。

拝島へ向かう列車として注目すべきなのは、「拝島ライナー」である。高田馬場〜小平間はノンストップの、有料座席指定列車だ。

このあたりの速達型列車は、青梅特快を意識していると考えていい。中央線内を

速達運転して、拝島方面への到達時間を短くするという考え方は、共通している。

また中央線にも、かつては「青梅ライナー」、現在は特急「おうめ」が運転されている。拝島まで向かう人たちをめぐって、競争がくり広げられているのだ。

気になる運賃は？　というと、西武鉄道で西武新宿から拝島までは４４０円（交通系ＩＣカード使用）、中央線・青梅線で新宿から拝島までは４７３円となっている。西武のほうが安い。ただし、所要時間は青梅特快を利用したときのほうが短い。安さの西武か、早く着く中央線かということで、競争関係がよく現れている。ちなみに青梅特快は本数が少ないので、利用するときは要注意だ。

京王電鉄京王線と同様に、西武鉄道も中央線との競争のなかでそれぞれの特徴を打ち出し、利用者にアピールしているのだ。

なぜ、緩行線の立川延伸計画は実現困難になったのか?

首都圏の鉄道網では、大宮(埼玉県)や取手(茨城県)・千葉・大船(神奈川県)といったところまでは複々線になっていることに気づいている人も多いだろう。なお、これらの区間では一部で複々線が別のところを走っている箇所もあるが、そのあたりは説明を省略したい。

複々線という点から見ると、中央線は他の路線とくらべると、いまいち見劣りがする。上野東京ラインと湘南新宿ライン、京浜東北線が走る大宮方面や、やはり上野東京ラインと湘南新宿ライン、横須賀線、京浜東北線が走る横浜方面とくらべるのは酷だが、千葉方面や取手方面よりも充実しているとはいえない。せめて立川まで複々線であったら、と思う人も多いのではないだろうか。

国鉄時代、都市人口増加のなかで拡大していく通勤需要をさばくべく、1965(昭和40)年から「通勤五方面作戦」が実施された。複々線にするなど、線路を増やすことで運行本数を増やし、通勤時の混雑を緩和するという、7年間にわたるプロジェクトは、中央線以外の各方面は、おおむね成功した。

では、なぜ中央線では「作戦」を成功させられなかったのだろうか。

もちろん、中央線にも複々線を延伸していく計画はあった。営団地下鉄（現在の東京メトロ）東西線からの直通運転開始とあわせて、１９６６（昭和41）年４月に中野～荻窪間の複々線が開業。１９６９（昭和44）年４月には、現在と同じく三鷹まで複々線が延伸した。

しかし、この計画は立川まで実施される予定だった。１９６６年10月には、三鷹～立川間の複々線化を１９７２（昭和47）年度までに実施するとされ、そのための土地もすでに確保されていた。

しかし、国鉄の財政悪化やオイルショックの影響による物価高などで計画の推進に時間がかかり、また同区間を高架化（連続立体交差）する話も出てきた。高架化は２０１４（平成26）年に完了するが、その際に側道を設置するスペースに複々線用地を転用した。このあいだに「側道設置義務」が法制化されたのだ。これは、隣接空間の都市環境を守るためだ。

このような経緯で、立川まで複々線化するという計画は困難になった。しかしこの計画は、じつは生き続けているのである。

▼東京〜三鷹間に驚きの〝地下化計画〟が存在した！

中央線の東京〜三鷹間に、混雑解消のために、さらにもう1本路線を敷く計画があることをご存じだろうか。東京駅からJR京葉線を延長し、新宿を経て、三鷹まで地下路線でつなげるというものだ。新宿駅の地下には、そのための空間が確保されていると言われている。

京葉線は千葉県の蘇我(そが)駅と東京駅を結ぶ路線だ。東京駅の有楽町駅寄りの地下には、2面4線の大きなホームがあり、京葉線・武蔵野線の通勤電車だけではなく、房総方面への特急列車も発着している。

この計画は、前項で述べた三鷹〜立川間の複々線化計画とも結びついている。この区間の複々線を、東京〜三鷹間の地下路線と接続させ、京葉線と直通させるというのだ。

とは言うものの、三鷹から立川のあいだは連続立体交差となり、中央線の複々線化のために用意していた土地もすでに使われている。さすがに、もう計画はなくなったのでは、と思うところだろう。

ところが、この計画はまだ続いている。国土交通省の交通政策審議会にある、「東

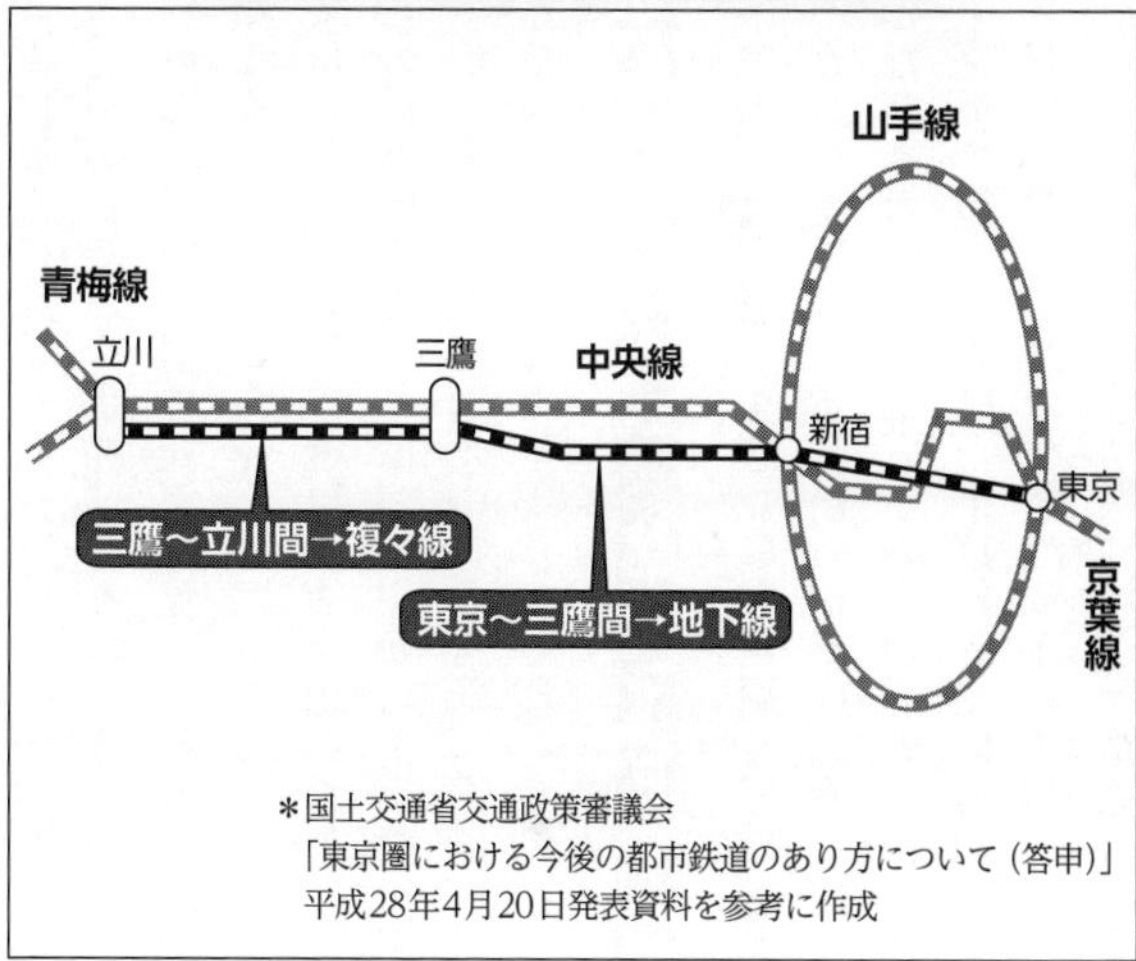

京圏における今後の都市鉄道のあり方に関する小委員会」では、2016（平成28）年に「東京圏における今後の都市鉄道のあり方について」という答申を出した。

この答申に、「京葉線の中央線方面延伸及び中央線の複々線化」という項目がある。その項目によると、「東京から三鷹までは京葉線を地下で延伸し、三鷹駅において中央線と相互直通運転を行う」となっているのだ。中央線の混雑緩和だけでなく、東京都西部や千葉方面と都心部のアクセス利便性を向上させることを目的としている。

ただ、京葉線の中央線方面延伸

は収支採算性に課題があり、中央線の複々線化は事業スキームを含めた計画について検討が必要という状況にあるという。

おそらく、中央線の複々線化は、新規増設の路線は地下化されるということになるだろう。新宿側から見ると、三鷹までは黄色い帯の電車で複々線、三鷹から立川まではオレンジの帯の電車で複々線となる。

この計画が実現すれば、立川から東京を経由し、蘇我までの電車が運行されるだけではなく、房総方面への特急も新宿発着が可能となるだろう。ただし、実現するとしても、当分先になると考えられる。

なぜ、中央本線の起点は「神田」なのか？

「中央本線は、東京を起点に名古屋まで結ぶ路線である」と多くの人は考えているだろう。現実には、新宿から松本に向かったり、名古屋から長野に向かったりするものだとも考えられているのだが、じつは、それは誤解である。

東京都で暮らす人は、東京から高尾に向かう路線そのものが字義どおりに、中央線であると考えてはいないだろうか。

たしかに、東京から高尾に向かう路線は、ほかの路線と並行している区間でも、中央線独自の線路を走り、乗っている人が「中央線に乗っている」と認識していると考えられる。路線図上でもじっさいの運用上でも、中央線だからだ。

しかし、国鉄分割民営化の際に東京〜神田間は東北本線、代々木〜新宿は山手線となった。線路には戸籍のようなものがあり、先に敷設された路線をその路線とすることにして、国鉄時代の重複状態を解消したのだ。重複して営業キロを設けないように、とのことである。

これにより、中央本線の本当の起点、書類上の起点は神田となった。

ただ、それでは現実に適さない。旅客の案内では、中央線は東京からオレンジ色のラインとして西へ向かい、代々木から新宿までの重複区間も気にせず走る。代々木では中央緩行線の列車は停車し、山手線との乗り換えもできるものの、中央快速線は停車しない。

そのあたりを考えると、起点が神田というのは、書類上の重複区間を解消するだけということでしかないのだ。また、代々木から新宿までが中央線ではないというのも同様である。

四角四面かもしれないが、JR東日本は発足時に事業計画をこのように定め、それが書面上に残っているということだ。

「大八廻り」は本当に政治家のわがままで生まれた？

中央東線には、岡谷（おかや）からまっすぐ塩尻へと進む塩嶺（えんれい）トンネルまわりのルートのほかに、岡谷の先で進行方向を変えて辰野へと向かい、そこから塩尻へ向かうルートもある。

このルートは、ルート決定に大きな役割を果たした伊藤大八（だいはち）の名前に由来し、「大八廻り（まわ）」と呼ばれる。

伊藤大八は、衆議院議員を務めた長野県出身の政治家である。中央本線を伊那谷（いなだに）に通すか、木曽谷に通すかの論争があった際（208ページ参照）、伊那谷に誘致しようとしていた。ところが、伊那谷への誘致はうまくいかなかった。

伊藤は１８９８（明治31）年に鉄道局長に就任すると、伊那谷へ鉄道を通す日のために、中央本線のルートを辰野経由とすることを考えた。だから、辰野を通る路線が最初にでき、塩嶺トンネルまわりの路線は１９８３（昭和58）年にやっとできたのだ、と考えるのは早計だ。

まず、当時の鉄道技術では、岡谷から塩尻へ直行するルートのトンネルを通すことは困難だったと考えられる。たしかに、笹子（ささご）トンネル（45ページ参照）を掘るのがやっとの技術力で、5994メートルの長さの塩嶺トンネルを明治期に掘れたかというと、疑問が出てくる。

岡谷から塩尻にまっすぐ進むルートこそ最初に検討されたが、長大なトンネルを掘らなくても済む辰野経由のルートのほうが現実的だった、ということは言えるだろう。

岡谷～塩尻間の「大八廻り」

だが、辰野経由のルートにも厳しい点がある。このルートにも25パーミルという勾配の厳しい善知鳥峠があり、そこには全長1678メートルの善知鳥トンネルがある。

伊藤大八がルート決定の際に大きく尽力したことはたしかだ。辰野町の下辰野公園には大八の像が立ち、辰野経由に導いた功績が称えられている。

しかし、伊藤がいなかったら、いまの塩嶺トンネルのルートで最初から鉄道が走っていたかというと、これまで述べた理由により、疑問である。

大八廻りはたしかに「我田引鉄」の代表例ではあったものの、もうひとつの案は技術的に困難で費用もかかり、当時では難しかったというふうに考えるのが、妥当(だとう)なところではないだろうか。

中央本線はなぜ、塩山付近で北に大きく迂回する？

中央本線を地図上でたどると、甲斐大和(かいやまと)より先、北側を大きく迂回(うかい)して甲府に向かっていくのがわかる。勝沼ぶどう郷、塩山(えんざん)と北に向かい、そこから山梨市、石和(いさわ)温泉と南西に向かう。「ここをまっすぐ走って甲府に向かえばいいのに」というのは、路線図を見た誰もが思うことだろう。

なぜ、こんなに遠回りをしたのか、ということについては、ふたつの伝説がある。現在の笛吹市一宮(いちのみや)でさかんだった養蚕(ようさん)に影響しないようにしたという話がひとつ。もうひとつは、中央本線建設に尽力した雨宮敬次郎(あめみやけいじろう)（203ページ参照）の生家が塩山にあり、そこを通るようにしたかったというものだ。

しかし、どちらも事実ではない。当初は、初鹿野(はじかの)（現在の甲斐大和）から山梨市まで、一直線に敷設する計画だったのだ。

そこに厄介な問題が立ちはだかる。勾配である。当初の計画では、笹子トンネルを抜けてアプト式で一気に甲府盆地に下るというものだったが、それでは34パーミル以上の急勾配になってしまう。初鹿野は標高620メートル、勾配を下りた石和（現在の石和温泉）は標高267メートル。アプト式はすでに碓氷峠で導入されていたが、輸送力の低さが問題になっていた。

そこで、山肌沿いに勾配を緩和し、少しずつ甲府盆地の真ん中に下りていくようにしたのだ。

甲斐大和から勝沼ぶどう郷まで、何本ものトンネルをくぐりながら、勾配を下りていく。それでも、この区間には25パーミルの勾配が残っていた。山梨市を過ぎるとようやく10パーミル以下の勾配に落ち着く。

ちなみに、雨宮敬次郎の生家は甲州市（旧塩山市）にあるものの、雨宮の生家近くに駅はない。伊藤博文などを招き、祝宴を開くために邸宅近くに仮ホームをつくったことこそあるが、生家近くに固定的な駅をつくることはなかった。もしも「我田引鉄」をやるならば、そこまでするはずだ。つまり、あくまで勾配を緩和するために、塩山まわりのルートになったのである。

ちなみに、昭和時代につくられた中央自動車道は、笹子トンネルを抜けて甲府の南側へ向かうようになっており、かなりの急勾配になっている。もちろん、築堤や高架などにより、道路の建設技術が発展してきたからだが、根本的には自動車が勾配に強いことが、このようなルートが容認された理由となっている。

また、甲府市内はすでに市街地化されており、市街地に高速道路を建設することは不可能だったため、遠回りするしかなかった。このあたりは、中央本線と中央高速バスを乗りくらべると面白いかもしれない。

金山〜名古屋間が東海道本線との「二重線籍」になった事情

中央西線の金山〜名古屋間は、東海道本線と中央本線の「二重線籍」区間となっている。東京〜神田、代々木〜新宿が細かく定められているのに対し、こちらは「ずいぶんとルーズだな」と思う人もいるかもしれない。だが、この区間が「二重線籍」になったのには、経緯がある。

ここは東海道本線と中央本線の合流・分岐点で、金山駅開業前には名古屋鉄道（名鉄）の金山橋駅（1944〈昭和19〉年、「金山駅」として開業）のみがあった。

戦後、名古屋市は戦災復興計画のなかで、金山エリアを開発することにし、名鉄の駅だけではなく、国鉄の東海道本線と中央本線の駅、さらには地下鉄駅も建設し

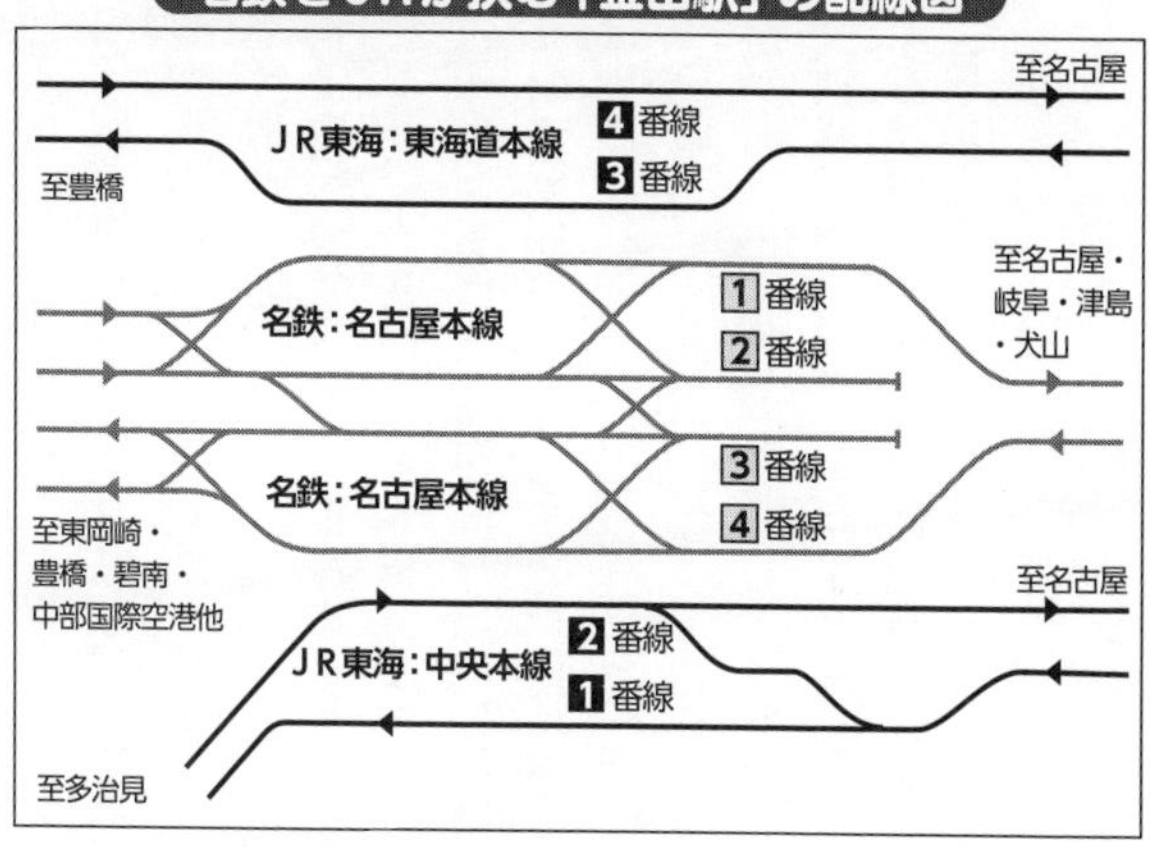

ようとした。これは「金山総合駅構想」と言われる。

そして、中央本線の金山駅が1962（昭和37）年1月に、地下鉄は名古屋市交通局により、現在の名城線の駅が1967（昭和42）年3月に開業した。中央本線は、以後複線化や電化が進み、金山駅は拡大する都市・名古屋にふさわしい駅になっていく。

だが、中央本線の金山駅開業時は、まだ名鉄の金山橋駅は離れた場所にあり、東海道本線の駅もできていなかった。4つの路線が一体となった駅をつくるには、まだまだ時間がかかったのだ。その理由は建設費用の問題であった。

重い腰が上がったのは、1989（平

成元）年7月に開催された世界デザイン博覧会の計画が具体化してからだ。名鉄の金山橋駅が現在の位置に移動し、東海道本線の駅が開業するのは、1989年7月9日のことである。JRになってから、ようやく金山駅に東海道本線と中央本線の両方が停車することになった。

地上の配線を見ると、東海道本線と中央本線のあいだに名鉄の駅がある状況になっており、JR同士で乗り換えをするにはちょっと大変である。

重複区間なので、運賃計算上では区間外乗車の扱いとなっている。ちなみに、金山～名古屋間には東海道本線だけ尾頭橋（おとうばし）駅があるが、この駅には中央本線用のホームは設置されていない。

こうして、JR東海になってから駅ができ、かつJR東海が線籍を登録しなおさなかった（する必要もなかった）ことで、金山～名古屋間は「二重線籍」となった。

国鉄時代からの計画が、JR東海になってからなしとげられ、国鉄からJRに移行する際の事業基本計画に記載できなかったからこそ、この区間が「二重線籍」として残っているのである。

4章

◉個性豊かな車両に惹かれる！

中央本線の車両を知る

●中央西線の新型車両は車内安全対策が大進化！●

近年、鉄道のセキュリティーが課題になっている。車内での痴漢は鉄道事業者にとって長年の課題であり続け、それゆえに車両に防犯カメラが取り付けられるようになってきた。

列車内における無差別暴行事件も多発し、いつ、どんなところで犯罪に巻きこまれるかわからないこの時代、鉄道事業者のセキュリティー対策意識はますます高まっている。各事業者とも、新車導入の際にはセキュリティー面を強化するいっぽう、既存の車両にも防犯カメラの取り付けなどを行なっている。

そんななか、2022（令和4）年3月、JR東海は中央本線名古屋エリアに新車315系を投入した。2023（令和5）年3月までには、既存車両との置き換えを終える予定である。

この車両は、セキュリティーを強化したことを売りのひとつとしている。非常用ドアコックは従来の車両にもあるが、315系は1両につき非常通報装置を3台、車内防犯カメラを5台設けている。

ドア横に取り付けられた非常通話装置を使用する場合、乗客がボタンを押すと乗

315系のデザインコンセプトは「先進性×親近感」

黒い画面の箇所が防犯カメラとなっている(写真:時事)

務員と直接会話することができる。その際には指令所に自動で通知されるだけでなく、車内の防犯カメラで撮影された画像を運転台や指令所とリアルタイムで共有できるようにした。状況確認や対応が、これまでの車両よりも早くできるようになったのだ。

防犯カメラは、ドア上の車内表示の横に設置されている。非常通話装置も、防犯カメラも、非常用ドアコックも利用者がわかりやすい場所に設置されており、トラブルにも対応しやすくなっている。

最近の車両ではよく見られるタイプのものであるものの、現在の社会の要請を踏まえたセキュリティー対策がなされており、トラブルが起きたときにも安心できる「進化した車両」であると言える。

●中央西線普通列車の主力「313系」は、どんな車両?●

ＪＲ東海の電化区間では、多くの路線で３１３系が使用されている。いや、使用されていないところを探すのが難しいというのが正直なところだ。３１３系はＪＲ東海の標準的な車両であり、１９９９（平成11）年から２０１４（平成26）年にかけて15年間にわたり、製造され続けた。

ＪＲの車両で、これだけ長いあいだ細かいところをマイナーチェンジしながら製造されてきた車両というのはほかに例がない。他社ならば別の車両を開発し、新たに導入していたと考えられる。

国鉄時代なら、１０３系や１１５系など、長年にわたって製造され続けてきた車両というのがある。しかし、ＪＲになってからは、各路線の実情などにあわせて、それぞれに見合った車両を製造するようになった。

だが、ＪＲ東海は、そのような道を選ばなかった。同じ３１３系のバージョンを変えて、各路線で走らせたのだ。

現在、中央西線では３１３系が多く走っているが、中津川～名古屋間では３１

JR東海の在来線で広く活躍する313系

5系との置き換えで撤退し、他線区に異動する予定だ。

塩尻～中津川間では、JR東日本の211系も一部で走ってはいるものの、メインはこの313系だ。ここで使用されている313系は、おもなものは2両編成のワンマン運転対応の車両で、セミクロスシートである。閑散線区向けの313系は、転換クロスシートではない。車内にドアの開閉ボタンや、運賃表示器などもついている。

東海道本線などで長い編成を組んでいる313系とは車内設備はまるで違っているものの、この313系がJR東海標準車として中央西線を今後も走り続ける予定だ。かつての115系のような汎用性を持った車両をワンマン運転対応とし、木曽路のローカル客向けの輸送に徹しているのだ。

●甲府・長野エリア普通列車用の「意外な車両」とは●

中央本線のなかで、いわゆる「中央線」区間はE233系が使用され、数年のうちにグリーン車が導入される予定だ。

中央西線の名古屋エリアでも新車の315系が、塩尻～中津川間は313系が普通列車に使用されている。そして、中央東線・中央西線とも特急型車両は比較的新しく、快適である。

では、中央東線の普通列車はどんな車両なのかというと、意外と古い車両が使用されているのである。

まず、長野支社管内だけで使用されているのは、E127系である。松本車両センターに所属している。1998（平成10）年に導入されたE127系は、1編成2両、24本が存在する。

車両の性格としては、東北地方で活躍している701系の直流電車版といった感じの車両であり、車内はロングシートでトイレがある。どちらかといえば、閑散線区に導入するような車両だ。

中央東線・篠ノ井線などでの活躍だけではなく、大糸線でのワンマン運転にも対応できるようになっている。ただし、導入されてからもう20年以上が経っており、そろそろ古くなってきたかな、とは感じさせられるものである。

JR東日本の新潟支社管内では、新しいE129系が導入されている。「この車両を中央東線などに入れてはどうか」と思うが、じつはもっと古い車両が甲府・長野エリアで大活躍しているのだ。211系である。

長野総合車両センターに所属し、1編成6両、あるいは3両の編成となっており、

50編成がある。全車ロングシートの編成と、セミクロスシートの編成の2種類があり、トイレは1編成に1か所設置されている。

211系は、首都圏で113系や115系を置き換えるために導入された。これらの車両が首都圏からいなくなってもなお、115系は甲府・長野エリアで走っていた。

その115系を置き換えるために、211系がやってきた。211系は、中央本線だけでなく、どこの路線でも115系を置き換えるためにやってくるという運命である。

車内設備はもちろん古い。甲府エリアに211系がやってきたときには、新し

単線区間の辰野支線を走るE127系

い車両のように宣伝していたものの、首都圏で長いあいだ211系が走っているのを知っていると、意外性すら感じた。

このように、中央東線の甲府・長野エリアは、東京から近いといっても、意外な車両が走っている。東京近郊区間でありながら、それを感じさせない古い車両が普通列車では使用されているのだ。

●空気清浄機導入の先駆けとなったE233系●

JR東日本のE233系は、209系やE231系でつちかってきた技術をさらに向上させ、新しい首都圏のスタンダード車両として2006（平成18）年に登場した。最初に投入された路線は、中央快速線だった。

鉄道の新車両では、利用者に車内で快適に過ごしてもらうために、新しい試みを導入することが多い。E233系は、「空気」に着目して快適さを追求する車両となった。

当然のことながら、車内冷房はもちろんある。集中式（1車両を1台で冷房する）の「AU726形」という冷房装置である。

車内環境については、冷房だけでは解決できない問題がある。においやほこりだ。夏の暑い時期に多くの人が電車に乗ると、車内はどうしても汗臭くなる。また、冬の寒い時期には、列車内の温度が上がり、清浄感が薄れてくるような空気となっている。

こうした事態に対し、鉄道事業者は、夏ならば冷房を強めにしたり、冬ならば送風を強化したりという対策をとっている。

E233系はJR東日本の一般型電車でははじめて、空気清浄機を導入した。においを取る機能と、ほこりを集める機能がある。最近では、多くの新型車両に空気清浄機が導入され、パナソニックの「ナノイーX」を使用した空気清浄機を搭載する車両も現れている。その先駆けとなったのが、E233系なのだ。

コロナ禍で車両の窓を開けるようになったものの、それ以前は車両の窓は閉め、冷房の効率を高めようとするのが基本だった。そんな時代には、車内が涼しいだけではなく、空気がきれいかということも、快適さの観点から重要だった。

新しい時代にあわせた車両がE233系であり、それが最初に導入されたのが中央快速線なのである。

●中央東線の貨物列車は、特別な機関車が牽引する●

貨物列車を引く機関車は、平坦線区用と勾配線区用に分けられる。中央本線の山岳区間を走っているのは、当然ながら勾配線区用の機関車である。

平坦な都市部では、他線区からの乗り入れの関係でＥＦ２１０形など、平坦線区用の機関車が入ることもあるが、やはり中央本線の貨物列車で語らなければならないのは勾配線区用の機関車だ。

中央東線を走る貨物列車では、ＥＨ２００形機関車が使用されている。ＥＨ２００形は、これまでのＥＦ64形の重連運用を置き換えるために導入された機関車で、２車体連結で駆動軸が８軸、全長は25メートル、出力は４５２０キロワットと、ＪＲ貨物の機関車で最大の出力を誇る。

所属は高崎機関区だが、上越線や高崎線のみならず、中央本線や篠ノ井線での運用がある。愛称は「ＥＣＯ-ＰＯＷＥＲブルーサンダー」。青い車体に黄色がアクセントとなっており、走れば雷のような音がする。この車両が、中央東線の貨物輸送を担っている。

では、中央西線はどうか。こちらはＥＦ64形の１０００番代が、総括重連制御（１

両の機関車の運転士がほかの機関車の制御も同時に行なうこと）で運用されている。中央本線や篠ノ井線、伯備(はくび)線で使用され、全車両が愛知機関区に所属している。

駆動軸は６軸、全長は18・6メートル、出力は２５５０キロワットである。ＥＦ64形は、基本番代や１０００番代は中央東線でも運用されていたものの、２０１２（平成24）年の3月に中央東線での運用を終了した。

この機関車の１０００番代は１９８０（昭和55）年から１９８２（昭和57）年にかけて製造されたものであり、40年間もの長きにわたり運用されている。

今後、中央西線区間専用の貨物機関車が現れるか、それともＥＨ２００形が追

中央東線で貨物を牽引するJR貨物EH200形機関車

加投入され、中央西線でも走ることになるのかということは、貨物列車ファンには気になるところだろう。現状は、2022（令和4）年3月より、中央西線にもEH200形の走行が見られる。

●中央本線を走る貨物列車は、何を運んでいる？●

『2022 貨物時刻表』（公益社団法人鉄道貨物協会）では、中央本線・篠ノ井線を走る貨物列車は、八王子～篠ノ井間と、稲沢～篠ノ井間に分かれて掲載されている。

八王子より東側にも貨物列車は走っているが、同時刻表には、府中本町方面から国立の東寄りで中央線に乗り入れ、八王子へと向かう列車が記されているだけである。一部列車は立川から青梅線に入り、拝島へと向かう。

では、中央東線の貨物列車を見てみよう。もちろん牽引するのはEH200形である。隅田川～南松本間のコンテナ列車が1往復、東京貨物ターミナル～南松本間のコンテナ列車が1往復、純粋なコンテナ列車はこれだけである。篠ノ井線に限定すると、南松本～北長野間のコンテナ列車も1往復ある。

そのほかは1往復を除き、東京・神奈川からの片道列車は石油の輸送を担っている。根岸（横浜市磯子区）～竜王間の列車は1本あり、山梨県向けの石油輸送という大役を果たしている。

1本は同じ区間（根岸〜竜王間）を走り、コンテナ車とタンク車を併結している。また、7本は千葉貨物ターミナルや川崎貨物ターミナル、根岸から南松本、篠ノ井、しなの鉄道の坂城（さかき）へ長野県向けの石油を輸送している。これらの列車は、もときたルートをタンクを空にして戻ってくる。とくに山梨県向けの石油輸送については、これ以外に鉄道で山梨県に運ぶ方法がないという状況になっている。では、ＥＦ64形重連牽引の稲沢〜篠ノ井間はどうか。コンテナ列車は長野県内に入っていく列車は1往復しかなく、名古屋貨物ターミナル発でも多治見（たじみ）止まりや、春日井（かすがい）止まりという列車もある。

7本は中京地区から南松本までの石油輸送で、帰りはタンクを空にして帰ってくる。ただしこちらも、２０２２年3月のダイヤ改正ではＥＨ２００形が導入されはじめたという。

中央本線が向かう山梨県や長野県は、内陸県である。高速道路網が発達しているため、日常の物資などはトラック輸送が中心だが、トラックでは難しい長距離の大量輸送で、なおかつ生活に欠かせない石油類の輸送を担っているのが中央本線の貨物列車なのだ。

東海道本線や東北本線のように、長編成のコンテナ列車が何本も行きかう光景は見られないものの、大出力の勾配線区向け電気機関車が力を振り絞って山岳地帯の生活のために石油を輸送するのは、中央本線沿線出身者としてはありがたいと感じるのである。

●新型車両の投入で消える、国鉄時代の車両たち●

中央西線では、国鉄時代からの普通列車用車両が消えようとしている。過去の車両を少しずつ置き換えて、現在の中央西線があるのだ。

名古屋圏の中央西線では、315系の導入が進みつつあり、国鉄時代末期の211系を置き換えている。あわせて、JR東海になってから導入された313系も置き換えられる。

これまで、中津川～名古屋間、塩尻～中津川間でJRになってから使用されていた車両を振り返ってみよう。

まずは中津川～名古屋間。現在は211系しか残っていないものの、かつてはさまざまな国鉄型車両が走っていた。

113系や213系5000番台は中央西線名古屋圏の輸送に大きく貢献してい

たが、313系の登場で運用は激減、しだいに消えていった。

1999（平成11）年に登場した313系は、103系の運用を駆逐（くちく）し、113系などの運用を減らすのに貢献した。当時の113系は、首都圏以外ではめずらしい10両編成だったが、2006（平成18）年11月に運用を終了した。ほかに快速列車を中心に117系も使用された。165系急行型電車（133ページ参照）もごくまれに走った。

こうした運用を、313系は淘汰（とうた）した。JR東海は新車の投入によって国鉄時代からの車両を整理していった。その流れのなかに、315系での統一がある。

塩尻〜中津川間はどうか。現在は313系とJR東日本から乗り入れる211系が使用されている。このエリアでは、JR東日本の意向もあるため、中津川〜名古屋間のように国鉄型車両（＝211系）を一気になくしていくというわけにはいかない。それでも、いまは313系がメインという状態になりつつある。

この区間はかつて、115系（次項参照）と165系も走っていた。115系は寒冷地対応の近郊型電車である。165系急行型電車は、もともと急行列車に使用されていたもので、急行廃止後に普通列車に使用されるようになった。

ただ、これらの車両ではワンマン運転が難しいという問題があった。車両の老朽

長きにわたって名古屋エリアの輸送を担った113系

中央西線で新車両との置き換えが進む211系

化もあり、ワンマン運転が可能な313系に置き換えることになった。

中央西線では、普通列車にも新車両をどんどん導入し、国鉄型車両と置き換えているのである。

●普通列車に使用された「115系」の性能は？●

115系は111系をベースに、主電動機の出力強化や抑速ブレーキ、耐寒・耐雪設備を備えた車両として、1963（昭和38）年に登場した。

1965（昭和40）年3月の「松本電化」で中央東線に導入された際には、クモハ＋モハ＋クハの3両編成をベースに、その2編成＋サハ2両を加えた8両編成が使用された。

こう書くと、鉄道ファンには、電動車と付随車の比率が1対1となっていることにお気づきの方もいるだろう。中央東線の勾配のきついところを、この比率で運転できるほど出力が大きいということである。

その際に中央東線に導入されたモハのパンタグラフ使用車には、狭小トンネル対応の低屋根車が導入され、800番台となっている。車体塗色は「スカ色」と呼ばれた青とクリームの塗り分けだった。それまでに使用されていた旧型国電70系の塗色を受け継いでいる。

1968（昭和43）年からは、一部の急行「かいじ」に115系が使用されるようになり、〝遜色急行〟と呼ばれるようになった。本来は急行に使用されるはずのない車両が使用されたからである。一時期はグリーン車が連結されたこともあった。

また、1985（昭和60）年3月のダイヤ改正で新宿〜長野間の夜行列車が新宿発のみとなり電車化、115系が使用された。

このように、115系は日中の普通列車だけではなく、急行や長距離の夜行列車など、中央東線ではオールマイティーな活躍を見せた。

2015年まで中央本線で活躍した115系

中央西線では1973（昭和48）年の電化後、普通列車には80系が使用されていた。だが、1977（昭和52）年に80系置き換えのために松本電車区に115系が導入されるようになり、中央西線でも115系が見られるようになった。この115系は、3両編成が基本となった。

国鉄時代の中央東線115系普通列車は長編成だったものの、その末期からは短編成化が進んでいく。1980年代半ばには3両編成・6両編成の車両へと置き換えられ、サハの先頭車改造も行なわれる。冷房の導入も進んだ。

その後も115系の活躍は中央東線では長く続いた。中央東線の長野地区を中心に走る車両には、碓氷峠対応工事が施されたものもあった。いっぽう、中央西線では165系が普通列車用に改造されて使用されるようになった。

また、高崎線・東北本線に新車が導入されたため、長野地区に115系が転属されるということもあった。そのころには、パンタグラフはシングルアームとなっていたため、狭小トンネルへの対応も問題はなくなっていた。これらの車両があったため、115系は長期にわたって中央東線で活躍することになったのだ。

だが、長期にわたる使用にも限界がある。115系は2015（平成27）年10月に運用を終了した。およそ50年の運用を中央東線で終えたのだ。

１１５系はＪＲ西日本ではまだ残っており、今後もしばらくは活躍を続けるだろう。なお、こちらも新車置き換えの話が出ている。

●中央本線を彩った名車両たち①…165系●

１６５系は、従来東海道方面で使われていた直流急行型電車１５３系が勾配に弱く、寒冷地にも対応できないということで、そのあたりを強化するべく１９６３（昭和38）年に登場した車両である。中央東線では、１９６４（昭和39）年10月のダイヤ改正で急行「たてしな」から使用されることになった。

新宿～上諏訪（かみすわ）間の急行「たてしな」は7両編成で、1両がグリーン車だった。当時はまだ上諏訪までしか電化されておらず、松本方面に向かう急行列車は気動車だった。

１９６５（昭和40）年10月のダイヤ改正で松本方面への列車が（非電化区間直通列車を除き）電車化され、列車名も整理されて「アルプス」となった。

このとき、１６５系急行の本数がこれまでより増えた。１９６８（昭和43）年10月の時刻表では、急行「アルプス」は定期・季節列車あわせて11往復ある。最大12両編成でビュッフェも連結されていた。編成の一部は飯田線にも乗り入れた。

１９８６（昭和61）年11月のダイヤ改正で１６５系による急行列車は、定期列車では中央東線から姿を消す。なお、１９７６（昭和51）年11月末でビュッフェは営業休止になっていた。

いっぽう、中央西線でも１６５系が使用されていた。急行「きそ」に１６５系が投入されたのは、塩尻～中津川間が電化された１９７３（昭和48）年７月のダイヤ改正である。ただ、すでに特急「しなの」の本数は多く、「きそ」は１９８５（昭和60）年3月のダイヤ改正で廃止される。こちらにはビュッフェは連結されていなかった。

全国的に急行が退潮となり、特急列車に置き換えられていくなかで、１６５系

新宿駅に停車中の165系急行「アルプス」

の活躍は普通列車が中心となっていった。中央本線でも、165系の車端部クロスシートをロングシートに改造した普通列車が多く走っていた。

長野・松本方面から飯田線に向かう快速列車には、特急用シートを流用した座席が設けられていた。一部の車両はジョイフルトレインに改造され、「パノラマエクスプレスアルプス」などで活躍した。

勾配線区向け直流急行用電車として登場した165系は、中央本線でも長く愛された。中央本線のほかには、上越方面での運用も目立ったいっぽう、「ムーンライトえちご」などでも使用された。

急行としては、東海道本線の東京〜静岡間急行「東海」が最後の使用列車となった。この列車には、グリーン車が2両連結されていた。急行列車らしい、自由席グリーン車だった。

●中央本線を彩った名車両たち②…181系●

中央本線に特急が走りはじめたのは、1966(昭和41)年12月のことだった。その際には、181系直流特急型電車が使用された。

181系は、「こだま」型特急電車として1958(昭和33)年に登場した15

1系、上越線特急「とき」用に1962（昭和37）年に登場した勾配・寒冷地対応の161系で築き上げられた技術をベースに、両者の仕様を統一し（改造されたものもある）、主電動機の出力を向上させて1964（昭和39）年から製造された車両である。

中央本線に投入された際には、狭小トンネル対応のため、運転室上の前照灯が外されたり、あるいは最初から装備しない車両もあった。

東海道新幹線開通後、山陽方面への連絡はおもにこの車両が使用された。山陽本線八本松（はちほんまつ）〜瀬野（せの）間にある「瀬野八」と呼ばれる急勾配区間は、151系では補機が必要だったが、181系になるとその必要はなくなった。

この車両の登場でなしとげられた出力アップは、直流電化区間でかつ勾配が比較的厳しい路線で活躍するのに大いに役立った。上越線特急「とき」は速達化し、中央東線特急「あずさ」でもその性能が発揮された。ほぼ同時期に登場した信越本線方面特急「あさま」は、碓氷峠を越える必要があったものの、それ以外では勾配区間対応車両という特性を活かした。なお、碓氷峠対応車両には、特別な改造が施（ほどこ）された。

中央本線での運行開始当時の181系は、上越線特急「とき」と共通運用が組まれ、田町電車区（現在の東京総合車両センター田町センター）に所属し、１等車２両、食堂車１両を含む10両編成だった。

１９７３（昭和48）年には「とき」との共通運用をやめ、食堂車も外される。そして、１８１系を使用した「あずさ」は１８３系の増備により運用を縮小していく。１９７５（昭和50）年12月には中央本線から１８１系は消え、１８３系・１８９系のみとなった。

●中央本線を彩った名車両たち③…キハ181系●

従来、鉄道各線を走る気動車特急はキハ80系が使用されていた。この車両は搭載しているエンジンが非力であり、急勾配区間では速度を出して「特急」としてのサービスを行なうのには難があった。

中央東線で電車特急「あずさ」が登場しても、中央西線はそもそも非電化であり、特急型気動車を走らせても、それに見合った速達性がないと考えられ、急行が優等列車の最上限となっていた。

１９６６（昭和41）年には３００馬力のエンジンを搭載するキハ90形、翌67年には５００馬力のエンジンを搭載するキハ91形が試作され、実験が行なわれた。

キハ91形は中央西線の急行にも試験的に投入され、その結果が良好だったことから、DML30HSCエンジンを搭載したキハ181系を導入することになり、1968（昭和43）年10月のダイヤ改正より、この車両を使用した特急「しなの」が登場することになった。

登場当時の「しなの」は9両編成。1等車1両と食堂車1両が含まれていた。キハ80系の最高速度は時速100キロだったのに対し、キハ181系の最高速度は時速120キロ。名古屋〜長野間を最速列車は4時間11分で結んだ。その後も速達化は進んでいき、1969（昭和44）年10月のダイヤ改正では3時間58分で結ぶようになった。

中央西線特急「しなの」として活躍したキハ181系

キハ181系は、「しなの」のために生まれた車両であるが、高出力・高性能ゆえに、ほかの路線でも使用されることになる。1970（昭和45）年2月には奥羽本線特急「つばさ」でも起用され、ほかの特急と並行する東北本線内では電車特急なみのスピードを出した。いっぽうで、板谷峠では最初は補機なしで運転していたが、故障などがあいつぎ、補機を使用することになった。

中央西線の電化が進み、1973（昭和48）年7月から1975（昭和50）年3月にかけてキハ181系は381系直流特急型電車（次項参照）に置き換えられ、中央西線での運用は終了した。その後、キハ181系は中国地方や四国地方での活躍がメインとなった。

●中央本線を彩った名車両たち④…381系●

キハ181系を投入し、エンジンの出力を増大させて速達化を図ってもなお、中央西線特急「しなの」の速度向上には限界があった。

やはり、気動車よりも電車のほうが高速走行が可能である。もっと速度も向上させたい。そう考えた国鉄は、振り子式特急の開発を進めた。その試作車として1970（昭和45）年に登場したのが、591系電車である。この車両で採用されたのは「自然振り子式」だった。

最初は、東北本線の速達化のために仙台を中心に試験運転が行なわれたものの、東北新幹線の計画が持ち上がったことでその必要がなくなり、各地で実験を行なうようになった。

その後、中央西線の電化が決まったため、長野運転所に配属されて試験を行なうようになる。その結果、誕生したのが381系電車である。591系と同じく自然振り子式車両であったが、中央西線を中心とした運用となったため、直流電車となった。

381系を使用することで、曲線では最大時速20キロプラスで運行することができ、大幅な速達化が可能になった。軽量化のためにアルミ車体を採用し、曲線を安定して通過できるように重心も低くした。振り子はコロ式のシンプルなものであり、遠心力で車体を傾ける。

この車両を導入するためには、架線の張り方などを普通の電化路線とは変える必要があった。中央西線電化も特急「しなの」に381系を導入することを前提として行なわれた。

381系は地上設備の対応など新規に整備しなければならないことも多かったた

め、曲線の多い線区の電化とあわせて導入された。1973（昭和48）年7月に中央西線特急「しなの」として導入されたのちは、1978（昭和53）年10月に紀勢本線和歌山〜新宮間の電化にあわせて特急「くろしお」に投入、1982（昭和57）年には伯備線電化にあわせて特急「やくも」に使用されるようになった。

中央西線の381系は、JR東海になったのちに先頭車の展望グリーン車に改造を施された車両が登場した。展望車ではない先頭車に改造されたグリーン車もある。

1996（平成8）年、長野駅発着の「しなの」は383系に置き換えられ、381系は臨時列車用になった。

中央西線電化と共に登場した381系

「くろしお」用381系は長く活躍したが、2015（平成27）年10月末でほかの車両に置き換えられ、現在でも381系が残っているのは「やくも」だけである。その「やくも」も、2024（令和6）年春以降に新車273系を導入する予定になっている。

381系が振り子式で速達化を達成したことをきっかけに、国鉄やJR各社ではさまざまな振り子式車両や車体傾斜式車両が試みられた。そのなかにはうまくいかなかったものもあるが、381系の登場が特急の高速化に与えたインパクトは大きいのではないだろうか。

●「あずさ」「かいじ」黄金時代を生んだ「183系」●

183系は、ひと言でいえば「短距離向けの直流特急型車両」である。1972（昭和47）年に登場した。

このころ、山陽新幹線の新大阪～岡山間が開通し、1975（昭和50）年には博多までの全線開通が控えていた。

直流特急型電車の長距離運用は近いうちに終了し、在来線の長距離特急は交直流電車ばかりとなっていくことが目に見えていた。そんななかで、直流特急型車両である181系を増備するというのもおかしな状況だった。

いっぽう、1972年5月には総武快速線が東京駅の地下に乗り入れることになり、房総方面の急行の一部を特急に置き換えることになった。そのために、より近距離特急にふさわしい新しい車両がつくられた。それが183系である。

地下区間を走るため、火災事故対策も強化し、併結を意識して貫通扉も設けた。波動用輸送（団体輸送などの貸し切り）への対応や、一部区間での普通列車での利用、また乗客を効率よく乗降させるために、特急車両ではこれまで1扉だったものを、2扉にした。

車内設備では、近距離特急を意識したため、食堂車はつくられなかった。座席もこれまでの特急の普通車は回転式クロスシートだったが、はじめて簡易リクライニングシートが導入された。

房総方面を中心に走った183系だが、耐寒・耐雪構造を備えた上越線特急「とき」用の1000番台もつくられた。この車両は1974（昭和49）年12月に登場した。また、碓氷峠対応の189系も1975年10月に登場した。

中央東線には、1973（昭和48）年10月のダイヤ改正から183系が走った。しだいに183系の「あずさ」が増え、1975年には信越本線特急「あさま」の

189系導入とあわせて、中央東線でも189系が使用されるようになり、181系を追いやった。

中央東線から昼行急行が廃止され、1988(昭和63)年3月に甲府発着の「あずさ」が「かいじ」になると、普通車のみの6両編成がおもに「かいじ」に投入された。この特急にはそれ以前からグレードアップ編成が導入され、快適さで利用者からの評価が高かった。

183系・189系により、中央東線では「あずさ」「かいじ」の高頻度運転が行なわれ、中央東線は〝特急街道〟となっていった。これは車両が変わったいまでも続いている。

これらの車両は2002(平成14)年

E257系とすれ違う183系(右)

12月にE257系に置き換えられたものの、臨時列車などには183系・189系が使用された。

183系は、中央東線の特急高頻度運転を可能にした車両であり、この車両の活躍が、特急の利便性というイメージを高めるのに貢献したと言える。

●中央本線特急の食堂車は、どんなメニューだった?●

いまでは信じられないかもしれないが、かつて特急「あずさ」には食堂車が、急行「アルプス」にはビュッフェ車が連結されていた。当時は長時間乗車する必要があるいっぽうで、急行の電車化によって駅での停車時間も短くなっていたことから、食堂車やビュッフェが必要とされていた時代だったのだ。

食堂車は1両すべてが使用され、ビュッフェ車は半室がカウンター式の飲食スペースとして使用され、残りのスペースは2等車だった。

『時刻表復刻版 1968年10月号』(交通新聞社)を見ると、食堂車やビュッフェのメニューが掲載されている。このときの2等初乗り運賃が20円(ビン1本の牛乳の値段とほぼ同じ)であることを踏まえて紹介したい。

特急の朝定食は、300円のものと350円のものがある。和定食は、300円だ。特別ビーフステーキ定食は１２００円。普通のビーフステーキ定食は７００円・８００円。カツレツ定食は３５０円。カレーライスは１８０円だ。いまの基準だと、ちょっと高いと感じずにはいられない。なお、吸い物つきのうなぎご飯は３００円。当時は、うなぎは現在ほど高いものではなかったのだ。

急行列車のビュッフェはどうか。朝定食は２００円と特急より安い。ランチもあり、３００円もしくは２５０円となっている。うなぎご飯やカレーライスは特急と同額である。

特筆すべきは、中央東線の急行では、そばやうどんが食べられたことである。これらは格安だった。もり・かけが60円、ざる・たぬきが80円、月見・きつねが１００円、天ぷらが１５０円である。なお、当時は東海道・山陽方面の急行ビュッフェではすし類が提供されており、盛り合わせが３００円だった。飲み物の値段は共通で、コーヒーや紅茶は70円となっていた。

当時の特急や急行では車内販売も充実しており、駅弁は１００円から３００円くらいで購入することができた。当然、お茶も販売されていた。

車内販売が充実していたこの時代に、食堂車やビュッフェを利用するというのは贅沢(ぜいたく)なものだったのだろう。

●旅行客に愛された「客車列車」が、その姿を消すまで●

いまや、一部のクルーズトレインか、ＳＬ牽引列車でしか見ることができなくなった客車列車。最後のＪＲ定期客車列車は、青森〜札幌間を結ぶ「はまなす」だった。ブルートレインはすでになく、機関車が客車を牽引する客車列車を見かけなくなってから、長い年月が経ってしまった。

中央本線も、電化が進むにつれて客車列車が減っていった。中央東線の客車列車といえば、まずは夜行普通列車の４２５列車・４２６列車を思い浮かべる人も多いかもしれない。これらの列車は、１９７５（昭和50）年の３月まで新宿〜長野間で運行され、多くの人に愛されていた。客車でなくなったあとは、１１５系になる。新宿発の下り列車は登山客に愛され、「山男列車」と呼ばれていた。

１９６８（昭和43）年10月の『時刻表復刻版』を見ても、客車列車はごく一部、ほとんどが電車列車となっている。

１９７８（昭和53）年10月の『時刻表復刻版』では、急行「アルプス」に臨時の客車列車があるのと、新宿発岡谷行の臨時夜行普通列車があるのみである。

ところが、１９８８（昭和63）年３月の『時刻表完全復刻版』を見ると、臨時の「アルプス」91号は、客車寝台を連結して運行されている。寝台車があるだけグレードアップされたのだ。

また、この時期には、ジョイフルトレイン「スーパーエクスプレスレインボー」を使用した臨時急行列車もあった。意外と最近まで、客車列車は残っていたのだ。

では、中央西線はどうか。そもそも、1997（平成9）年9月末のダイヤまで大阪〜長野間の急行「ちくま」は客車を使用し、寝台車が連結されていた。1978年10月の『時刻表復刻版』を見ても、一部に客車による普通列車が定期で運行されていた。中央東線はすでに定期列車は運行されなくなったにもかかわらずだ。この時代は、名古屋〜長野間の「きそ」の夜行列車が客車で運行され、寝台車も連結されていた。

急行「ちくま」の例からもわかるように、中央西線では客車が定期列車として使用されている期間が中央東線よりも長かった。ただ、客車の扱いにくさから電車へと変わっていき、中央本線は電車だらけの路線となっていったのである。

●小海線直通列車は、非電化区間をどのように走ったか？●

小淵沢と小諸（こもろ）を結ぶJR小海（こうみ）線には、1975（昭和50）年3月まで急行列車が走っていた。いまも非電化区間である小海線だから、もちろん気動車急行である。「のべやま」「すわ」は、長野発で小海線を経由して長野に戻る循環急行であった。急行「八ヶ岳」は、中央本線の急行「アルプス」に連結されて新宿から小海線へと乗り入れた。この「アルプス」は中央東線が電化されても、大糸線を経由して糸魚川に向かうため、気動車として残った列車である。その関係で急行「八ヶ岳」も存続することができた。

さて、中央線の全列車が電車化されてからも、非電化の小海線に乗り入れた列車が存在したという話を聞くと、意外に思う人も多いのではないだろうか。

その列車は、1988（昭和63）年から1992（平成4）年まで、新宿〜清里間を直通運転していた「葉ッピーきよさと」である。

好景気だったこのころ、日本各地でリゾート開発がさかんとなり、清里にも多くの観光客が押し寄せた。そんな観光客に便利なようにと、新宿から直通列車を走らせていたのだ。

だが、小淵沢で電化と非電化の〝壁〟がある。小淵沢から清里までの小海線区間は、DD16形ディーゼル機関車がプッシュプル運転（電車の前後に機関車がつく）を行ない、冷房などの電源は、スハフ12形客車を使用して供給した。小淵沢では、ホームのない線路で機関車を連結したため、乗降することができなかった。

非電化区間への電車の運行のために、機関車を使用し、電源車を連結するということは時々ある。また、ブレーキなども機関車での牽引に対応できるように改造することが多い。

ただ、こういった列車はその後運行されることはなく、中央本線から小海線へは小淵沢での乗り換えが必須になった。さらに、好景気は終わり、多くの人がリゾート地に行くこともなくなってしまった。

5章

◉長大路線ならではのアイデアあり！

中央本線の**運行ダイヤ**を知る

東京⇕名古屋の直通列車がないのは、なぜ?

東京から名古屋まで行くのに、たいていの人は東海道新幹線を使用する。人によっては高速バスかもしれない。しかし、「青春18きっぷ」のシーズンでもない限り、東京から名古屋まで東海道本線で普通列車を利用する人はめったにいない。さらに時間がかかり、本数も少ない中央本線でという人はいないのではないだろうか。

東海道本線でさえ、この区間をフルで運行する旅客列車は、「サンライズ出雲」「サンライズ瀬戸」しかなく、名古屋では乗客の扱いを行なわない。おそらく、運転停車(乗務員の交代、機関車の付け替え、時間調整などの理由による乗降扱いをしない停車)である。

そんな状況ゆえに、中央本線の東京、もしくは新宿から名古屋まで直通する列車というのは、ないのである。

その証拠に、塩尻(しおじり)では中央東線・中央西線それぞれが篠ノ井線に乗り入れるという構造になっている。

以前は新宿から木曽方面へ2017(平成29)年～2018(平成30)年に運行された「木曽あずさ」といった直通列車や、名古屋から茅野(ちの)・小淵沢(こぶちざわ)方面への直通

移転前・移転後の塩尻駅

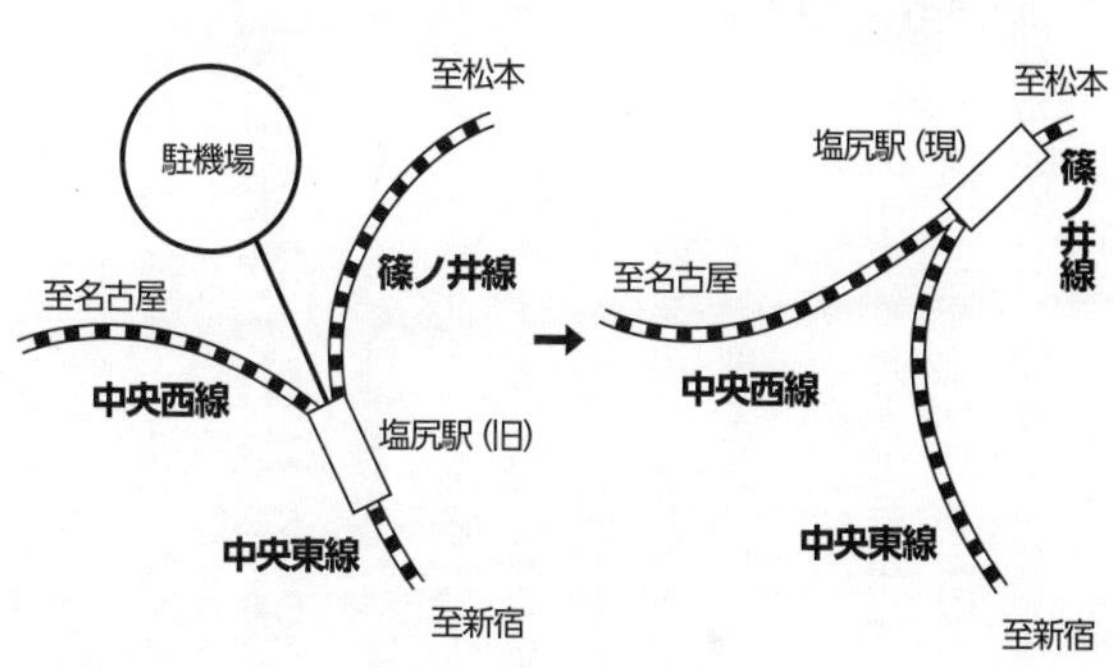

列車「諏訪しなの」（2017年～2018年）が運行されていたものの、塩尻駅でスイッチバックをしていた。

塩尻駅はもともと、中央東線と中央西線が直通するような構造になっていた。建前としては、中央本線は東京から名古屋を結ぶ、東海道本線の代替役としてつくられた路線である。そのことが、1982（昭和57）年5月に移転する前の旧塩尻駅のホーム配置に示されている。

しかしその建前は、戦前にはすでに失われていた。直通列車は少なく、ほとんどの列車が塩尻から篠ノ井線に直通していた。中央本線経由では時間がかかるというのがその理由であろう。

そんな理由もあって、現実にあわせるべく塩尻駅はいまのような配線になった。そして、スイッチバックがあるため、部分的な直通はたまにしか行なわれず、時間がかかりすぎるため、全線を直通する列車はなくなってしまったのだ。

なぜ、大月まで「中央線快速」が走っているのか?

中央線快速は、もともとは東京～高尾間の運転であった。しかし、1986(昭和61)年11月のダイヤ改正で、大月駅へ直通運転を行なう列車が登場した。

このころは、新宿から115系の3扉車を使用した普通列車が甲府方面まで直通していたものの、すでに本数は少ないものとなっていた。

この普通列車は、新宿を出ると立川までノンストップ、あとは八王子と高尾に停車するというもので、4扉車を使用し、多くの人を運ぶことができる201系の快速列車の邪魔になっていた。

これら新宿発着の中央本線普通列車は、1993(平成5)年12月のダイヤ改正で消えた。それ以前にも、1985(昭和60)年3月のダイヤ改正でいったんは中央本線の普通列車が夜行を除き、新宿発着から消えていたこともあった。「中央線」区間において、「中央本線」の普通列車は、どこか邪魔な存在なのだ。

いっぽう、その代替として大月まで快速が運行されるようになった。背景には好景気と東京圏への人口集中が進んだことがあり、不動産価格が高騰、都心から離れた場所でないと住宅が買えないという状況があった。

都心に通勤する人向けの住宅開発は、山梨県の上野原（うえのはら）や大月といったエリアにも広がり、四方津（しおつ）には「コモアしおつ」という巨大な分譲住宅地ができた。そんな時代状況のなかで、中央線快速は大月まで、さらに分割可能な編成は一部が富士急行線に乗り入れ、東京と直結した。

こうして大月までが実質的な東京圏になり、東京近郊区間も大月まで拡大した。好景気のなかで住宅地の開発が進み、国の持ち家政策もあり、都市圏が広まっていく。大月発着の中央線快速の存在意義は高まっていった。

都心から山梨県まで普通列車で行くとき、高尾で乗り換えるか、大月で乗り換えるかということは、乗った列車のタイミングによって異なる。高尾で乗り換える場合、かつてなら１１５系の6両編成、いまなら２１１系の6両編成が登場する。ここで乗り換えた経験からすると、高尾ですでに多くの乗客が乗っている。

いっぽう、都心直通の列車は10両編成のため、高尾発の6両編成の列車とくらべると車内の密度は低い。どちらの列車も乗客のほとんどが相模湖〜上野原あたりで下車する。

このあたりは東京とも関係が深く、日常的に人が行き来するエリアである。発着が可能な比較的大きい駅が大月であることを考えると、大月まで中央線快速が走るというのは、妥当(だとう)なことである。

大月という駅が東京圏への通勤の限界エリアであり、かつ中央東線の普通列車が新宿まで乗り入れることができないとなると、大月まで中央線快速が乗り入れるというのは、ちょうどいいところではないだろうか。

甲府駅では特急列車も「緩急接続」を行なう

同じ路線に2種類の異なる性格の列車が走る場合、2種類の列車は途中駅で接続して乗り継げるようになっており、利用者の便が図られている。

中央東線には、新宿から松本方面へ向かう比較的運行距離の長い特急「あずさ」と、新宿から甲府方面に向かう近距離特急「かいじ」がある。「あずさ」の多くは、大月・塩山・山梨市・石和(いさわ)温泉に停車しない。いっぽう、「かいじ」はこれらの駅に停車する。

「かいじ」は停車駅が多いぶん、時間がかかる列車である。新宿では次の「あずさ」

と30分の発車時間の違いがあっても、甲府では20分くらいの差になってしまう。

利用者の絶対数は少ないとしても、大月・塩山・山梨市・石和温泉から松本方面に向かう場合、特急「かいじ」を利用すると、甲府駅の1番ホームで20分ほどの待ち時間で「あずさ」に乗り換えることができる。

上り列車ではこの傾向が顕著である。甲府発新宿行の「かいじ」は、時間帯によるものの、「あずさ」が発車してからすぐ、同じ甲府駅2番ホームに入線し、発車の準備をする。

甲府から「かいじ」に乗ろうとするとき、発車時刻より少し早くホームに向かうとまだ発車していない「あずさ」に多くの利用者が乗りこもうとするところを見ることがある。甲府駅からの乗客は速達性を求める傾向があり、「あずさ」の人気は高い。いっぽう、「かいじ」にはそれほどの列はできない。

ダイヤによっては十数分ほどの発車時間の差しかなく、それゆえに上りは松本方面から来て、甲府で「かいじ」に乗り換え、石和温泉・山梨市・塩山・大月で降りるという使い方にも便利なようになっている。

むろん、これは大都市圏私鉄の緩急接続にくらべたら、時間がゆったりとしすぎていると言われるのは承知している。こうした使い方をする人の絶対数が少ないのもわかる。しかし、甲府駅で2種類の特急が上手に接続しているのを見ると、列車ダイヤというのはよくできていると感心する。

なお、甲府駅は普通列車との接続も充実しており、中央東線における緩急接続の一大拠点となっているのだ。

特急のダイヤ改正に沿線自治体が反発した理由

ダイヤ改正というものは、利用する地域住民のことを考えないと、どうしても反発を食らいやすい。2019（平成31）年3月のダイヤ改正は、その意味でうまくいかなかったダイヤ改正と言える。

これは「あずさ回数券」を廃止して特急を全席指定にしたから（75ページ参照）、ということもあるが、それは利便性とは関係のないことだ。それよりも特急「あずさ」の停車駅を削減したからである。

多くの「あずさ」は新宿00分発、「かいじ」は同駅30分発となっている。しかし、時間帯によっては「新宿30分発のあずさ」があるのだ。上りにもそのポジションの列車がある。そうなると、「あずさ」が連続して走るということになる（「かいじ」と停車駅が同じ列車もある）。

２０１９年３月のダイヤ改正では、時間帯によっては何時間も、塩山・山梨市・石和温泉に停車する特急列車がないという状況になった。甲府〜松本間でも停車駅を整理した結果、これまで停車していた列車が通過するようになった駅が増えた。そのため、沿線自治体から、ＪＲ東日本に対して改善の要望が行なわれるようになった。

その後、２０２１（令和３）年３月のダイヤ改正では、停車駅がある程度元に戻され、２０２２（令和４）年３月のダイヤ改正では、中央線快速の運行本数削減にあわせて中央本線のダイヤもまた変わっていき、特急も利用しやすくなった。

ダイヤパターンと停車駅には密接な関係がある。「かいじ」の役割を果たさざるを得ない「あずさ」を、純粋に「あずさ」として走らせようとしたために、このような状況になったと考えられる。

なぜ、中央特快は平日より土休日に多く運行される？

首都圏の列車ダイヤ、あるいはその他の都市圏の列車ダイヤでは、「平日ダイヤ」と「土休日ダイヤ」ではっきりと分かれている。中央線もそうなっている。

平日と土休日では、運行間隔や速達型列車、停車駅に差があり、平日ダイヤのほ

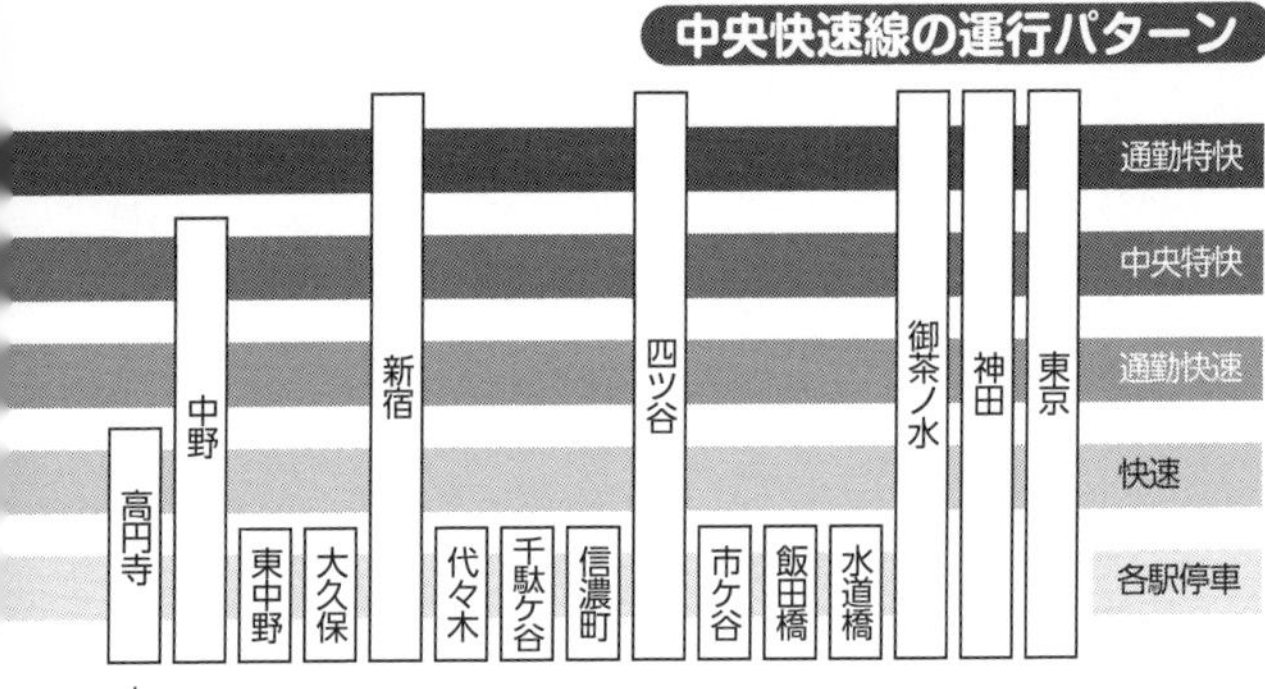

うが朝の通勤時間帯の列車密度が濃厚であるという傾向が強い。

そんななか、中央線で影響を受けるのは「中央特快」と「青梅特快」である。中央特快・青梅特快あわせて、平日下りは35本、平日上りは50本、ほかに平日は通勤快速が下り20本、通勤特快が上り4本となっている。いっぽう、土休日は中央特快・青梅特快あわせて下り67本、上り66本である。

『MYLINE東京時刻表 2022』（交通新聞社）を見てみると、土休日は中央特快・青梅特快の運行間隔が短いことに気づく。時間帯によっては、数本に1本が中央特快・青梅特快となっている。ほぼすべての時間帯でこれらの列車が走

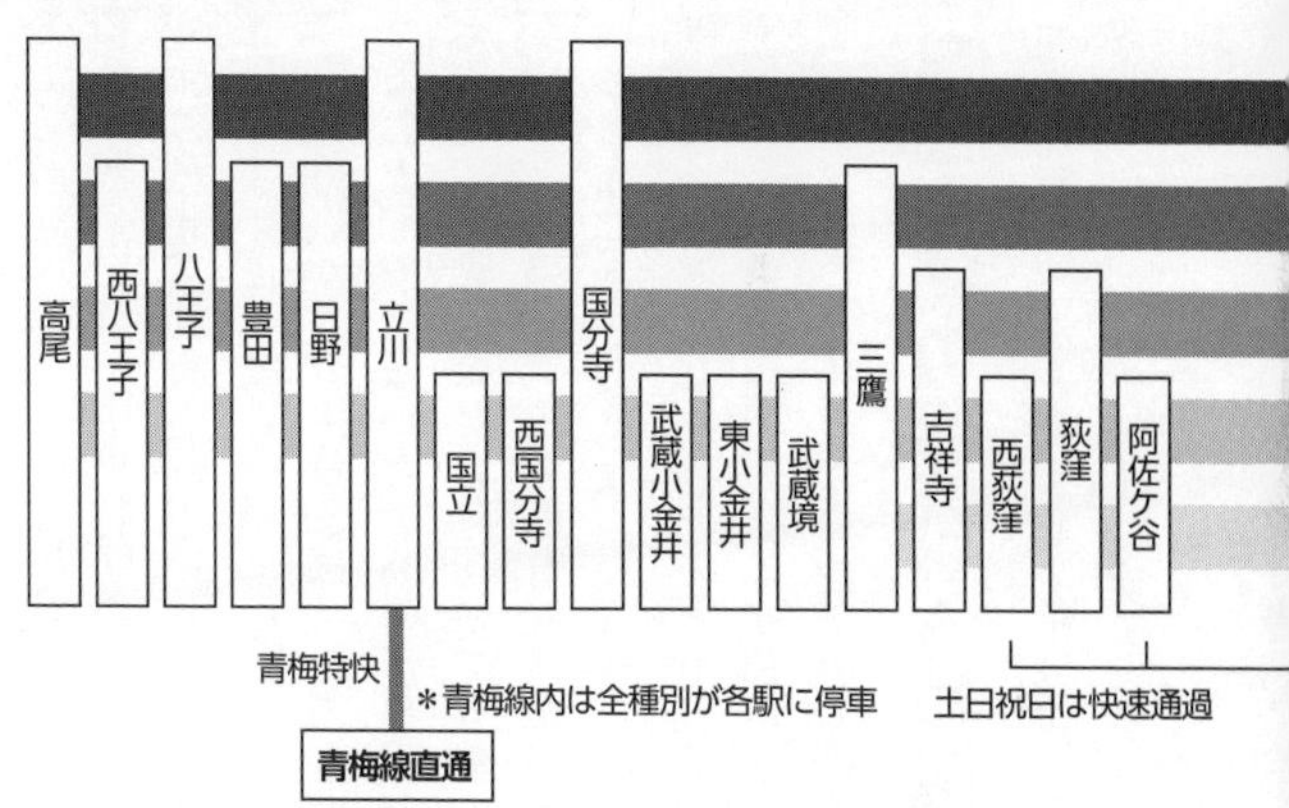

っているのだ。

平日はどうか。まず、朝の通勤時間帯の上りと、夕方の帰宅時間帯の下りは中央特快・青梅特快は走っていない。通勤時間帯には、通勤特快がほんの少しだけ走る程度である。なお、この通勤特快は、国分寺を出たあとは新宿まで停車しない。

さらに、この時間帯は過密ダイヤゆえに、中央線の上りホームが複数ある駅では、片方の列車が発車する前にもう片方が入線してくるという状態になっている。

そんな時間帯に通勤特快を走らせることもじつは難しいものの、遠近分離（遠距離利用者と近距離利用者を列車ごとに分けること）ということで、なんとかダイヤに組み入れているというのが正直なところだろう。

帰宅時間帯には、中央特快の停車駅に加え、荻窪・吉祥寺を停車駅とした通勤快速が下り列車で運行されている。東京メトロ丸ノ内線や京王井の頭線からの乗客の便を図ってのことだろう。

こう見ていくと、平日はダイヤの密度が高すぎて、中央特快・青梅特快を多く走らせることができないというのが現状だと考えられる。

その点、土休日にどの時間帯でもまんべんなく中央特快・青梅特快を走らせることができるのは、ダイヤの密度に余裕があるため、そのぶん速達型の列車を入れやすいということがあるためだろう。

平日と土休日では、がらりと利用者の行動が変わり、そのために列車ダイヤがまるで違うものとなっているのが都市部の列車ダイヤの特徴だ。中央線もまた、その典型例のようなダイヤとなっているのだ。

コロナ禍の影響で、終電時刻はどのくらい早まった?

新型コロナウイルスの感染拡大は、多くの人の行動に影響を与えた。夜遅くまで飲み歩く人が減り、帰宅時間もそれまでより早くなった。夜間の会合なども減った。そのため、終電の利用者は減っていった。

２０２１（令和３）年1月、首都圏の鉄道各社は、緊急事態宣言にともなう国と東京、神奈川、埼玉、千葉の1都3県からの要請を受け、臨時に終電をくり上げることとなった。そういった流れのなか、２０２１年3月のダイヤ改正では、終電時刻が大きくくり上がったのだ。

終電のくり上げには、ＪＲ東日本の「保守時間を確保したい」という考えもあった。従来は人海戦術で何とかこなしていた線路などの保守作業も、機械化だけでは追い付かなくなり、どうしても作業時間を増やしたいという事情があったのだ。

中央線快速列車では、高尾までの終電が東京0時15分発から23時45分発へと30分くり上がった。豊田までの終電は東京0時25分発から23時56分発と29分くり上がり、武蔵小金井までの終電も東京0時35分発から0時05分発へと30分くり上がった。

各駅停車は、三鷹までの終電が御茶ノ水0時43分発から0時18分発へと25分くり上がり、中野までの終電は同じく御茶ノ水0時43分だったものが、0時36分発へと7分くり上がった。これにより、深夜1時ごろに新宿を出る各駅停車はなくなった。

従来は、沿線に多くの人が暮らしている中央線では、なるべく遅い時間まで終電を動かそうとしていた。その時間帯の利用者が減り、またＪＲ東日本の事情もあってか、終電が早くなってしまったのだ。

もっとも、ほかの路線では終電時刻がさらに早くなってしまったこともあり、JR東日本の中央線はまだ、他路線にくらべれば終電の遅い路線ということになる。

中央本線の「終電の遅さ」は戦前からだった！

前項でも触れたとおり、時間がくり上がっても、他路線と比較すると「中央線の終電は遅い」という現状は変わっていない。

現在のダイヤでも、平日の快速武蔵小金井行は東京0時05分発、武蔵小金井0時46分着であり、総武緩行線からの各駅停車三鷹行は御茶ノ水0時18分発、三鷹0時56分着となっている。さらに中野0時59分着の列車もある。

以前はもっと遅かった。10年以上前の2011（平成23）年3月の時刻表を見ると、高尾行快速は東京発0時00分であるものの、緩行線経由の高尾行は東京0時20分発、高尾1時37分着。最終の三鷹行が東京0時35分発、三鷹1時21分着である。

1988（昭和63）年3月の時刻表を見ても、あまり変わりはない。

1978（昭和53）年10月の時刻表では、中央線快速は東京23時00分発で、あとは各駅停車だ。しかも、各駅停車の最終三鷹行の東京発時刻は、0時35分と変わっていない。

1964（昭和39）年10月の時刻表でも、最終三鷹行は同じ時刻に東京を発車していた。この時期はまだ、緩行線は中野までしか到達していない。快速線の列車の最終は東京20時00分発である。高尾への終電は、各駅停車で0時12分東京発、1時33分高尾着となっている。当時は新宿や飯田町に貨物駅なども存在しており、貨物輸送のために中央快速線を使用するという事情もあって、夜間の快速線の運用は少なかったのだろう。

また、新宿発で甲府方面へ向かう列車が遅くまで走っており、20時27分新宿発なら甲府への当日到着も可能であった。また、23時45分の新宿発長野行の客車普通列車なら、高尾には0時41分に、大月には1時37分に到着していた。ちなみに長野着は10時14分だった。

驚くべきことに、戦前はもっと遅い時間の終電があった。現在の高尾である浅川に1時37分に到着するものや、三鷹着1時30分、中野着1時34分というのがある。

戦時中は終電が大幅にくり上げられたものの、戦争が終わって世の中が安定すると、終電の時間は遅くなり、現在のダイヤとほぼ変わらない状況になっていく。そのダイヤは、多少の微修正こそあっても、2021（令和3）年の「終電くり上げ」

まで続いたのだ。

「2面3線」を効率よく使用する高尾以西の駅

中央東線の高尾～塩尻間は、ほとんどの区間で複線である。しかし、中央線区間や関東圏の多くの私鉄のように、上り・下りのホームそれぞれに特急が追い抜くための線路があるというわけではない。いわゆる「国鉄型配線」と呼ばれる、2面3線の駅が多い。

2面3線とは、上り本線と下り本線のほかに、待避線が1本あるだけの駅の配線構造のことだ。特急が停車しなくても2面3線の駅があるいっぽう、特急が停車するが、線路は本線のみという駅もある。

中央東線を走る特急が停車し、2面3線以上ある駅といえば、大月・塩山・山梨市・甲府（中央東線に限る）・竜王（りゅうおう）・富士見・茅野（ちの）・上諏訪・下諏訪・岡谷（2面4線）・塩尻（3面6線）が挙げられる。

停車しない駅ならば、相模湖・四方津・甲斐大和・酒折（さかおり）・日野春（ひのはる）・青柳（あおやぎ）である（特急の走らない辰野支線は省略）。

これらの駅では、普通列車が特急を退避するためにしばらく停車する光景が見ら

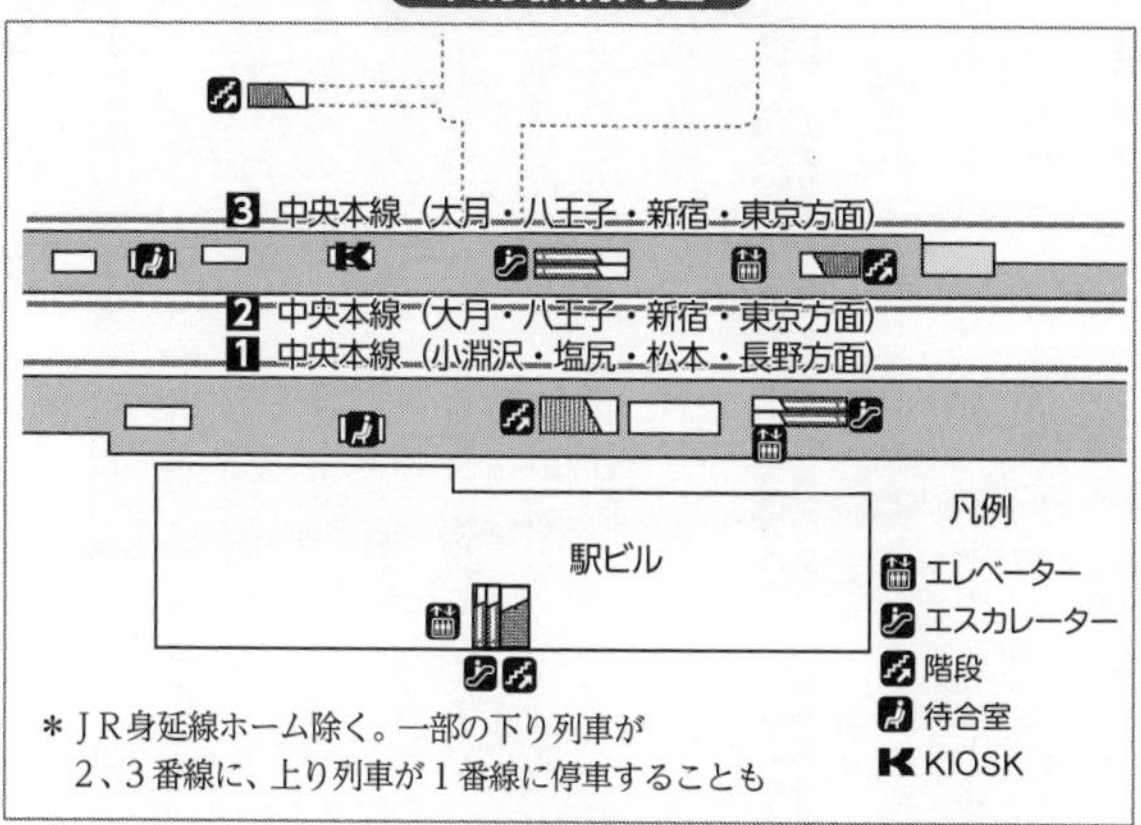

れる。

特急停車駅での2面3線の現状を見てみよう。

たとえば大月では、中央線の上下線ホームは特急が使用することが多く、中線は折り返し列車や、特急退避の普通列車が使用することが多い。

甲府はもっと面白い。下り線が使用する1番線は、特急がおもに使用しているが、長時間停車しない普通列車も使用する。上りホームの2番線は、上り特急の使用が目立つ。

では、3番線はというと、上り・下りとも特急を退避する列車が使用し、列車がいちいち3番線に何度もポイントを渡りながら出入りする姿が興味深いこととなっている。

特急の停車しない2面3線はどうか。四方津や甲斐大和は面白い。中線に普通列車が入っていき、停車すると「特急を先に通す」とのアナウンスがある。それからしばらくすると、特急が通過していく。その後、普通列車はのんびりと発車する。

これらの駅では、上りや下りの特急退避を、1本の線路を使って上手に行なっているというのが興味深い。また、どの2面3線の駅でも、下り特急の退避が多い駅と、上り特急の退避が多い駅とがあり、このあたりは普通列車に乗ってみると気づかされる。

制約の大きい「2面3線」でも、上手に使って特急を走らせるのが、中央東線の高尾以西である。

▼中央東線に試験設置された「シカ避け」の仕組みとは

山間部の鉄道では、鉄道と動物との衝突が問題になっている。シカなどの動物が線路内に入りこみ、走ってきた列車と衝突してしまうことがよくあるのだ。それにより、当然ながら鉄道のダイヤが乱れる、という事態が生じてしまう。

中央東線を管轄(かんかつ)するＪＲ東日本八王子支社管内でも、動物と列車の衝突事故がたびたび発生している。なかでも、ニホンジカとの衝突事故が目立つようになっており、線路内への侵入を防ぐための柵の設置や、忌避装置の設置などの対策を進めている。

八王子支社では、2020（令和2）年12月から試験的に忌避音発生装置「鹿ソニック」を導入している。装置を線路沿いに設置し、シカなどとの衝突を避けようとするものだ。

「鹿ソニック」はもともと、自動車が山間部で走る際、シカなどの野生動物との衝突事故を避けるために開発された。動物が苦手とする12キロヘルツから30キロヘルツの高周波音を照射して、体を傷つけることなく警告をうながすのだ。

製造したのは、自動車のチューンアップ用品を企画・開発・販売している「T・M・WORKS（ティ・エム・ワークス）」という会社で、山梨県の富士河口湖町に店舗がある。

設置された場所は、初狩〜笹子間の上下線に各2か所、笹子〜甲斐大和間の下り線に2か所、甲斐大和〜勝沼ぶどう郷間の下り線に2か所、勝沼ぶどう郷〜塩山間の下り線に3か所、上り線に2か所の計13か所だった。

この区間は山間部ゆえ、列車と動物との接触の可能性が高く、こういった装置を導入する意義があると考えられる。なお、試験期間は２０２１（令和３）年12月に終了した。

6章

◉行って、見て、確かめたくなる!

中央本線の駅を知る

●藤野駅の上下線ホームが不自然なほどズレている事情●

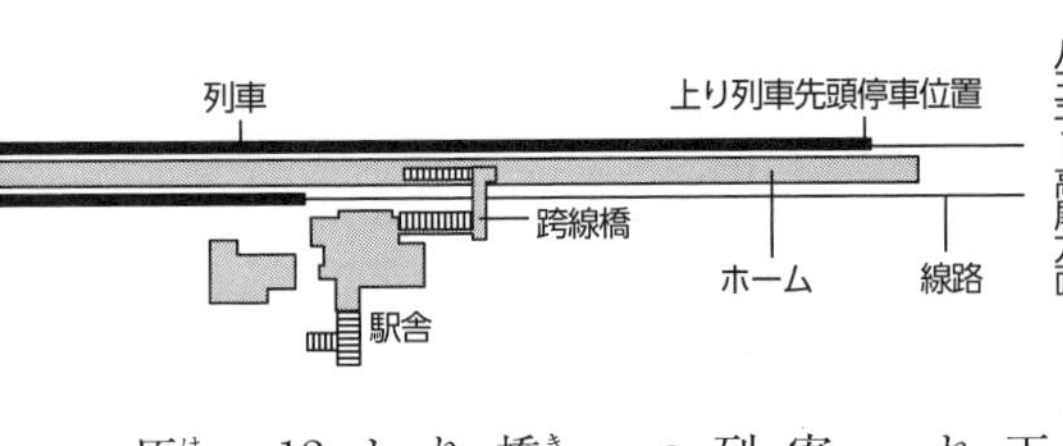

中央本線の藤野駅は、ホームの幅が狭く、さらには上下線ホームが不自然なほどズレているということで知られている。

藤野で下り列車を降りると、下りのホームのみが大月寄りに延びていることに気づく。もちろん、中央線快速列車の12両編成対応の延伸もすでに行なわれている。いっぽう、上りのホームは途中で切れてしまっている。

ホームをうろうろして観察してみた。この駅の跨線橋は、下りホームの付け根のような位置にあり、階段よりも高尾寄りには停車できないようになっている。上りホームは階段の横から高尾寄りに延びている。ただし、12両編成対応のホーム延伸箇所は、大月寄りだ。

藤野駅は、1968（昭和43）年8月、相模湖〜上野原間が複線化した際に、現在のような上下線を有するホ

上下線で停車位置が大きく異なる藤野駅ホーム

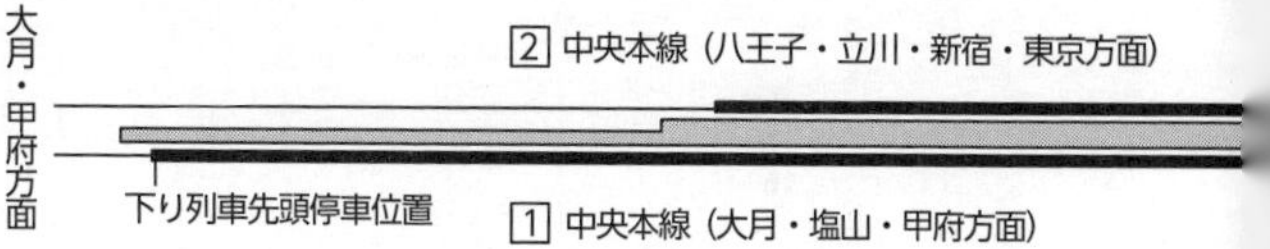

ームになったと考えられる。駅はもともと傾斜地にあり、ホームの場所を確保するのも難しかった。よってホームの幅は狭くなった。

当時はまだ、中央快速線の運行は高尾までで、大月までは乗り入れていなかった。しかし、普通列車が現在のような6両編成ではなく、長編成だったため、ホームの長さは必要だった。

狭い場所に複線用のホームを設置するには、ホームをずらすしかない。駅舎からホームへの移動は、以前なら構内踏切で対応していただろうと推測できるものの、本数の多い中央本線、それも特急ががんがん通過していく路線では明らかに危険である。

そこで跨線橋をつくり、駅舎からホームに向かう乗客はそこを利用してもらうようにした。

しかし、場所が場所なので、ホームの真ん中に跨線橋を設置することは難しい。だからといってホームの端に跨線橋を設置しても、そこを基準に上り・下りのホームを共に設けられるほどの直線があるという場所でもない。

そんな理由で、不自然なほどズレたホームができたということになるのだろう。

ちなみに跨線橋もその幅は狭く、あとからエレベーターが設置されている。

地形が特殊であり、そのうえのちに複線化したということから、ホームの形が特殊になったということではないだろうか。

●なぜ、茅野駅にはすべての特急が停車するのか？●

中央東線の特急がすべて停車する駅は、新宿・立川・八王子・甲府・茅野（ちの）・上諏訪（かみすわ）・松本である。

このうち、新宿や甲府、松本などの発着駅、県庁所在地駅である甲府や、利用者の多い立川・八王子というのは、多くの人が納得するものと思われる。上諏訪も、南信地方北部の主要都市の駅として、停車するのが妥当（だとう）だと考える人が多いだろう。

ではなぜ、茅野にすべての特急が停車するのだろうか？

昔の時刻表を見ると、茅野は通過駅であることが多かった。１９６４（昭和39）年10月の時刻表では、茅野に停車する急行は半分程度。「10月31日まで茅野に停車する」という期間限定の列車もあった。

1968（昭和43）年10月の時刻表を見ると、多くの列車が茅野に停車するようにはなったものの、季節限定で停車する列車もまだあった。1978（昭和53）年10月の時刻表では、全列車が停車となっている。

茅野は、蓼科（たてしな）や白樺湖（しらかばこ）方面への観光拠点として知られている。この駅からバスが発着し、乗り継ぐ人がいるという駅である。かつては、観光客のために春から秋にかけて停車し、冬は通過するという駅だった。その後、茅野に停車する列車はしだいに増えていき、現在では全列車が停車するようになった。

観光客が増えるなか、茅野は地域としても栄えていくようになる。1955（昭和30）年に周囲の町村と合併して茅野町となり、1958（昭和33）年には市に昇格した。茅野市は諏訪市とともに、産業都市として発展していく。

1965（昭和40）年ころを境に人口が増え続け、現在では5万6000人近い人が暮らしている。温泉がある諏訪市が4万8000人程度ということを考えると、地位が逆転しているのだ。

観光地への拠点であることに加え、地域産業もさかんで経済的にも豊か、人口も多いとなると、特急が停車しない理由はない。

茅野市が都市として十分な力を持っているから特急が停車するのであり、茅野に全旅客列車が停車するようになっていった過程は、茅野市が発展し続けた歴史を示している。

●中山道の宿場との縁が深い中央西線の駅●

旧中山道の中央西線長野県内エリアには、塩尻・洗馬(せば)・本山(もとやま)・贄川(にえかわ)・奈良井(ならい)・藪原(やぶはら)・宮ノ越(みやのこし)・福島・上松(あげまつ)・須原(すはら)・野尻(のじり)・三留野(みどの)・妻籠(つまご)と13の宿場があった。

このうち、駅名として残っていないのは本山・三留野・妻籠の3つである。ほかの10の宿場は現在、駅名として残っている。宿場は地域の中心であり、地域の中心となっているようなところに駅がつくられたといえる。

現在でも当時の宿場の様子が残されている地域として、奈良井宿がある。奈良井駅の南西にあり、駅には観光客のために臨時の特急が停車することもある。

奈良井宿は江戸から見ると鳥居(とりい)峠の手前であり、江戸からやってきた人が峠越えに備えて休息するという場所であった。宿場町は繁栄し、「奈良井千軒」と謳(うた)われていた。

鳥居峠を越えると藪原宿であり、中央西線の駅もある。こちらは名古屋の文化圏に入り、尾張藩鷹匠役所が設置されていた。

いまでも木曽エリアの中心となっているのは、木曽福島駅である。ここには福島宿があった。他地域の福島駅と名前が重なるので、駅名には「木曽」をつけたのだと思われる。

この駅にはすべての列車が停車する。福島宿には関所があり、現在ではその跡地に資料館がある。鉄道の観点で木曽福島駅を見ると、洗馬～大桑間の各駅を管理する駅長がいる。国鉄時代には木曽福島機関区が設けられていた。

上松は「寝覚の床」（48ページ参照）に近く、木曽ヒノキで栄えた。

このように、当時の宿場の様子があま

宿場町の面影を残す建物が立ち並ぶ奈良井宿

り残っていないところもあれば、現在に残る宿場の様子を活かした地域づくりを行ない、多くの観光客が訪れているところもある。

現在は駅員のいないような駅でも、江戸時代はその駅のある地域に宿場が存在し、東西を行きかう多くの人が利用していた。

中央西線の長野県内エリアで旧中山道に沿うように駅がつくられたのは、そこに宿場町があり、人が暮らしていたからだ。それゆえに駅ができるのにふさわしい場所になったのだといえる。宿場町の名前が、駅の名前となっていまでも残っているのが、その証明である。

●ホームで温泉たまごがつくれる上諏訪駅●

温泉大国日本ゆえ、温泉地にある駅は多い。中央本線にも石和(いさわ)温泉など、温泉地に行ける駅は多くある。上諏訪駅も、温泉街が近くにあることで知られる駅だ。

そんな上諏訪駅には、駅改札内に温泉がある。いまは足湯だが、かつては露天風呂で、裸になって入ることができた。

上諏訪駅に露天風呂が設置されたのは1986（昭和61）年8月。2002（平成14）年7月に足湯へと改装された。

温泉が駅にできたのは、「一駅一名物」という動きが長野エリアであり、その流れのなかで、上諏訪の名物は温泉→駅に温泉を引く、ということになった。

しかし、その露天風呂は狭すぎた。しかも、入場券を買って入りにくる人はいたが、乗客が待ち時間にわざわざ服を脱いでちょっとひと浴び……という性質のものではなかった。

そんな状況もあって、かんたんにリラックスできる足湯へと改装された。露天風呂の時代は、狭くて同時に多くの人が入ることはできなかったが、足湯ではそれが解消され、回転率もよくなった。なお、駅の売店ではタオルも販売されており、温めた足をふくことができる。

上りホームに石垣で囲まれた足湯がある

そんな上諏訪駅では、2021（令和3）年7月から「温泉たまご」の販売をはじめた。製品としての温泉たまごを売るのではなく、駅の売店で「上諏訪駅温泉たまごセット」（生卵、たれ、スプーン、カップ）を購入し、買った人がみずから温泉たまごをつくるという、本格派のものである。卵は地元の「なとりさんちのたまごや工房」のものを使用している。

まずは、この温泉たまごセットを駅待合室内売店の「ニューデイズ」で購入する。それから改札を通り、足湯へと進む。足湯の休憩処には特設スペースが設けられており、そこにも温泉が張られ、かごのようなものが備えられている。かごに卵を入れて20分ほど足湯につかりながら待つと、温泉たまごができあがる。あとはカップに入れ、たれをかけてスプーンで食べる。

いまどき、完成品の温泉たまごはどこでも売られているものだが、それは温泉と同じ温度のお湯で温めてつくられたものが大半である。

上諏訪駅名物の「温泉たまご」は、みずから卵のセットを買って、本物の温泉でつくるという、まさに本来の温泉たまごを味わうことができるのだ。

●塩尻駅の駅そばは、なぜ「日本一狭いそば店」になった？●

駅そばは、店や飲食スペースが改札外にあるか、改札内にあるかで食べる人たちが大きく変わってくる。改札外にある場合は、列車待ちの人だけではなく、地域の人たちも食べにくる。改札内にある場合は、改札から入って乗車を待つ人だけではなく、列車の乗り継ぎを待つ人も客となる。

かつては、同じ駅の改札内外にそれぞれ別の店舗を設けるケースもあったものの、いまでは多くの駅で「1つの駅に1店舗」という状況になってしまった。それゆえ、改札外と改札内のどちらに店舗を置くか、というのは、重要な経営判断となる。

しかし、それにうまいことと対応した店がある。改札の内外どちらからでも利用できるよう、それぞれに入り口と飲食スペースを設け、その中間に調理スペースを設置した店だ。塩尻駅の駅そばも、そんな店の構造となっている。

改札外のほうは待合室があり、そこにある椅子に座って駅そばを食べることができる。いっぽう、改札内にある入り口から入っても、駅そばを食べられる。ただし、入り口もカウンターも小さくて狭い。

「塩尻駅の駅そば店は狭い」とよくネット上の記事で紹介されるが、「狭い」とい

駅構内側の入り口の左右幅は
約50センチメートル

うのはこのカウンターのことで、ゆったりとしたスペースで食べたければ、改札を出て待合室で食べればいい。

では、なぜ狭いカウンターが登場してしまったのか。そもそも入り口も、なぜ狭くなってしまったのか。

改札内のカウンターの横には、ホームに向かうためのエレベーターがある。当然ながらバリアフリー対応のためにあとから設置されたものだ。その影響で、駅そば店のカウンターのスペースが狭くなったのである。

メニューは「かき揚げそば」や「月見そば」のような定番のメニューのほかに、「安曇野葉わさびそば」といった地域独自のメニューがある。「信州鹿肉山菜そば」という変わり種メニューもある。経営は「JR東日本クロスステーション フーズカンパニー」の系列だが、しっかりと地域の特色を活かしたメニューを提供している。

「改札内外で食べられるように」ということで調理スペースを店の中間に設けたものの、バリアフリー対応によって、改札内のほうのカウンターが狭くなったというのが、塩尻駅の「狭い駅そば店」が誕生した理由なのである。

●なぜ、小淵沢駅は「駅弁が名物」となったのか?●

コロナ禍になる前から、駅弁業界は厳しい状況におかれている。多くの駅で、駅弁業者の撤退があいついでいる。

中央本線も例外ではない。大月駅からは撤退、甲府駅でも地元の駅弁業者が撤退した。中津川駅でも、時刻表にあった駅弁マークが消えた。塩尻駅ではいまなお駅弁業者が残っているが、この駅の駅弁は、篠ノ井線の松本駅でも販売されているものだ。

そんななか、徹底した攻めの姿勢で駅弁事業に取り組んでいるのは、小淵沢（こぶちざわ）駅で駅弁を販売している「丸政」である（甲府駅の改札内でも販売しているが、時刻表上に駅弁のマークはない）。

丸政は「元気甲斐（かい）」「高原野菜とカツの弁当」で知られる駅弁業者であり、そのおいしさでも全国に知られている。「駅弁が名物」とまで言われるほどである。

新宿駅・東京駅でのみ販売される「新宿弁当」や、東京駅・上野駅のみで販売される「東京しゅうまい弁当」といった遠隔地での販売にも力を入れている。

「元気甲斐」は2015（平成27）年に亡くなったタレントの愛川欽也が提唱してつくられた駅弁だ。テレビ朝日系で放送されたテレビ番組『探検レストラン』の企画で1985（昭和60）年に誕生したものが、いまなお残っている。

上段は京都の「菊乃井（きくのい）」監修によるもので、胡桃御飯（くるみごはん）を中心に、山女（やまめ）の甲州煮などが添えられている。下段は東京の「吉左右」によるもので、栗としめじのおこわ（銀杏（ぎんなん）・蓮根（れんこん）入り）をメインに、鶏の柚子（ゆず）味噌あえや、わかさぎの南蛮漬けなどとなっている。

「元気甲斐」はその豪華さゆえ、駅弁大会などの機会に都市部で購入できることもあるだろう。東京などで手に入りにくいのは、「高原野菜とカツの弁当」である。

新鮮な高原野菜を活かした、生野菜のおいしい駅弁として知られ、鮮度を重視するために地元でしか買えない商品となっている。高原レタスやセロリ、キュウリなど、ほかの駅弁では見ることができないような食材がふんだんに使用されている。

カツはチキンカツであり、冷めてもやわらかく食べることができる（カツのみ、新宿駅の駅弁売り場で販売されることがある）。野菜のシャキシャキ感と、チキンカツのやわらかさが食べる人をとりこにする駅弁だ。

丸政は駅そば店も手がけている。小淵沢、長坂、富士見駅で食べられる駅そばは有名だ。地元の製麺所でつくられた太い乱切りのそばに、「山賊揚げ」と呼ばれる大きな鶏のから揚げを組み合わせると、インパクトとボリュームがすごい。非常に食べごたえのある駅そばとなる。

丸政の駅そばは、甲府駅北口近くなどにも店を出しており、そこでも食べることができる。山賊揚げは「信州名物山賊焼弁当」にも入っており、食べてみるとなかなかへビーな味わいとなっている。

攻めの姿勢でさまざまな駅弁をつくり出す丸政は、駅弁によって小淵沢駅の知名度を向上させている優れた会社である。

●中間駅唯一の駅ビル「セレオ甲府」の魅力とは●

中央本線の意外な特徴として、多くの県を通過する割に、県庁所在地を通るのが路線の中間では1か所しかないということがある。そして、その都道府県の主要な都市を中間駅で見つけることは難しい。駅ビルがあるような都市はなおさらだ。いわゆる「中央線」区間以外では、そんな都市はなさそうだ、と東京や名古屋の人ならば思うだろう。

名古屋で「中央線」と呼ばれる区間にも、駅ビルのような建物がある駅はある。金山（かなやま）だ。ただしここは、公益財団法人名古屋まちづくり公社が管理しており、鉄道会社の系列の建物とは違う。

鉄道会社系列の商業施設としての大規模な駅ビルは、中央本線唯一（ゆいいつ）の起点でも終点でもない中間駅かつ県庁所在地の名を持つ駅に存在する。山梨県の県庁所在地・甲府市にある甲府駅だ。ここには「セレオ甲府」という駅ビルがある。

甲府駅はもともと平屋（ひらや）の駅舎が南口にあり、北口にも別に改札があった。1986（昭和61）年に開かれた「かいじ国体」にあわせ、甲府駅周辺を整備することになり、駅舎を橋上化、あわせて南口に商業施設「エクラン」ができた。

当時、甲府には日本百貨店協会加盟の岡島百貨店と、加盟こそしていないものの百貨店と名乗っていた甲府西武（運営は西友）、山交（やまこう）百貨店と3つもの百貨店があった。そんななかでエクランは開業したが、ちょうど好景気の時期と重なり、どの商業施設にも多くの人が集まった。

その後、甲府西武は1998（平成10）年に閉店し、ふたつの百貨店とひとつの駅ビルという体制になった。2019（令和元）年には山交百貨店も閉店し、甲府駅から離れたところにある岡島百貨店が県内唯一の百貨店となった。

エクラン自体も、店舗の入れ替えや改装、駅へのエスカレーターの整備など時代にあわせて変化していった。2015（平成27）年には、JR東日本の系列駅ビル管理会社・JR東京西駅ビル開発により、ほかの駅ビルとブランドを統一するために「セレオ甲府」へと改称した。

エクランからセレオ甲府にわたって連綿と続く商業施設の特徴として、2階にある県内の名産品のコーナーに力を入れていることが挙げられる。このフロアには、県内で製造されたワインや銘菓などが取りそろえられており、あわせて列車の車内で食べられるようなお弁当も販売

甲府駅の駅ビル「セレオ甲府」

されている。

また、エクラン時代にはファッションビルとしての存在感が大きかったものの、セレオ甲府になってからは生鮮食料品売り場を1階に設けており、高級食材の販売店である成城石井も入居している。

なお、山交百貨店があった建物には、2021（令和3）年にヨドバシカメラを中心とした商業施設「ヨドバシ甲府」がオープンしている。

「中央本線」で唯一、駅ビルが充実している甲府駅。茅野駅にも小規模な駅ビルはあるものの、いわゆる「駅ビルらしい駅ビル」は甲府駅くらいといえる。

●高尾駅の駅舎はなぜ、社寺風のつくりになった？●

JR高尾駅の改札を出ると、駅舎がやたらと日本風のものになっていることに気づくだろう。

京王電鉄の高尾駅は現代的な駅であり、近くに商業施設などもあるのに対し、観光地の駅かと思うほどクラシックな建物、いや、神社やお寺のような純和風建築である。高尾山薬王院をイメージしているからだ、と考える人もいるだろうが、じっさいに薬王院に向かう人は、京王電鉄で高尾山口駅を利用することになる。

ＪＲ高尾駅の駅舎は、最初からいまのように壮麗なものだったわけではない。初代駅舎は木造平屋建てだった。現在の駅舎が竣工したのは１９２７年（昭和２）のことだ。

前年の１９２６（大正15）年12月25日、大正天皇が亡くなった。翌27年２月７日から８日にかけて、大喪の礼が行なわれた。式は新宿御苑で執り行なわれ、大正天皇の柩を運ぶ霊柩列車の出発駅が現在の千駄ケ谷駅の近くにつくられた。この駅は７日に開業し、役目を終えた９日に廃止された。

現在の高尾駅の駅舎は、その臨時駅で使用された駅舎が移築されたものなのだ。いまはなき大社線の大社駅（島根県

木造駅舎が現役で使用されている高尾駅

出雲市）を設計した曽田甚蔵（そだじんぞう）の手による。

高尾の近くには、大正天皇関連の駅がまだある。大正天皇の大喪の礼では、高尾駅の東側に「東浅川（ひがしあさかわ）」という駅がつくられた。こちらは陵墓（りょうぼ）がある武蔵野墓地（多摩御陵）の最寄（もよ）り駅であり、皇室専用の駅であった。

明治天皇は京都府京都市の伏見桃山陵に埋葬されたため、大正天皇は東京都内に埋葬された最初の天皇となった。昭和天皇は即位の報告などを行なう際、お召列車で向かい、この駅を利用した。１９６０（昭和35）年、東浅川駅は廃止となった。なお、平成時代の天皇は自動車で武蔵野墓地に行くようになった。

高尾駅の駅舎が社寺風になったのは、大正天皇の大喪の礼でつくられた駅がそのような様式でつくられた駅だからであり、その駅舎を再利用したからという理由である。設計者も社寺風駅舎を得意とした建築家であり、大喪の礼にふさわしい駅舎だったといえる。高尾駅は１９９７（平成9）年に「関東の駅百選」に指定され、特徴のある駅として多くの人に親しまれている。

●荻窪や三鷹より先に武蔵境が開業したのは、なぜ？●

「快速しか停車しない駅」として中央線利用客に知られている武蔵境。西武多摩川線への乗り換え駅としても有名である。

そんな武蔵境は、中央線の前身・甲武鉄道（201ページ参照）が1889（明治22）年4月に新宿〜立川間で開業した際、最初にできた途中駅のひとつである。当時は「境」という駅名だった。

同時に開業した途中駅は中野と国分寺である。このふたつの駅は、現在でも中央特快・青梅特快が停車し、主要な駅だということはわかる。しかし、武蔵境が荻窪や三鷹よりも先に開業したというのは意外性がある。

甲武鉄道を敷設するうえで、武蔵野地区に駅ができるということになり、現在の三鷹市上連雀あたりに駅がつくられることが決まりかけていた。

しかし、境地区から「駅をこの地に」という要望が出る。地域の有力者が甲武鉄道に直談判し、「地区内ならどこでもいい。駅までの道路をつくる。駅の土地は寄付する」という条件を示した。境地区は、田無まで一直線という場所にあるだけでなく、近くに小金井の桜堤といった名勝があることも駅誘致の理由としていた。

この小金井桜が、甲武鉄道の開通を早めた。小金井桜が咲き、多くの観桜客が押し寄せる前に、なんとか甲武鉄道を開業させようと工事を急いだのだ。

開業後、小金井桜の観桜客を乗せるために、甲武鉄道は新宿〜境間に臨時列車を走らせ、多くの乗客が利用した。開業の早期化と境地区への駅設置は成功したことになる。

その後、1919（大正8）年7月に武蔵境へと改称した。「境」を名乗るほかの駅との重複を避けるためである。ちなみにほかの「境」は、境港（鳥取県境港市）や羽後境（秋田県大仙市）へと駅名を変えた。

現在の武蔵境駅がある地域の人たちによる、みずからの土地を提供したり、土地を購入して寄付するといった具体的な行動が、当初、駅を設置する予定だった地域の熱意を上回ったからこそ、武蔵境は荻窪や吉祥寺、三鷹よりも先に駅ができることになったわけだ。

なお、荻窪は1891（明治24）年12月、吉祥寺は1899（明治32）年12月、三鷹は1930（昭和5）年6月に開業している。

●三鷹駅への特急停車が効果を発揮した時期とは●

現在、中央線区間での特急停車駅は、東京・新宿・立川・八王子となっている。以前は、時間帯や列車によっては、四ツ谷・三鷹にも停車していた。

特急の三鷹停車は、1988（昭和63）年3月の時刻表でも確認できた。このときのダイヤ改正では、これまで「あずさ」として甲府発着していた列車を新たに「かいじ」とし、2種類の特急が走ることになった。

多くの「かいじ」と一部の「あずさ」は、三鷹にも停車していた。この一部特急の三鷹停車は、2019（平成31）年3月のダイヤ改正まで続けられた。

特急が停車する駅としては、三鷹は新宿に近すぎるのでは、と思うかもしれない。しかし、同一ホームで中央線の快速列車に乗り継ぐことができ、吉祥寺や荻窪などに楽に行けるようになっていた。

三鷹駅での同一ホームでの乗り換えが大きな効果を発揮し、乗客の利便性を高めた時期がある。2003（平成15）年2月から開始された、中央線の新宿駅ホーム改良工事だ。

それまで東口側から「中央本線特急・中央線快速上り・中央線快速下り」の順番で並んでいたホームを「中央線快速上り・中央本線特急・中央線快速下り」の順に並べ直すための工事だった。中央本線の特急ホームがもっとも東側にあると、特急発車時に上り快速線を渡らなくてはならず、ダイヤ作成上の支障になっていたのだ。

工事ではホームを一気に入れ替えることはできず、仮設のホームを使用して対応することになった。このとき、特急ホームは代々木寄りの仮設ホームを使用することになった。現在は新宿発の「成田エクスプレス」や、東武鉄道に直通する特急に使用されているホームである。

しかし、この仮設ホームは、地下道を長く歩く必要があり、改札からも遠かった。そのため、当時の三鷹停車の特急の車内放送では「三鷹でホーム向かい側の快速に乗り換えると、新宿より先の駅に向かう際にも楽に移動できる」ということが説明されていた。

終点の新宿駅で東京方面へ向かう快速列車に乗り換えようとしても、長い地下通路を歩かなくてはならず、場合によっては三鷹で追い抜いた列車よりもあとの列車に乗るはめになるからだ。

工事は、2007（平成19）年10月に完成した。三鷹に停車していたことが、単純に停車して乗降できる以上の意味があった時期も存在していたのだ。

●東京駅の中央線ホームが他路線より高所になった理由●

東京駅の中央線ホームは、なぜかほかのホームよりもワンフロア高い位置にある。新幹線のホームが「一段」ともいうべき高さなのに対し、中央線のホームは東京駅の地上ホームすべてを見渡せる位置にあり、眺めがいい。

なぜ、こんな眺めのいい場所にホームができることになってしまったのか？

こう問われて「もともとは地上にあったはずでは？」と思う人は多いかもしれない。「たしかに中央線ホームのエスカレーターは長い」と考える人もいるだろう。

東京駅は、中央線や京浜東北線・山手線のホーム以外に、多くの東海道本線のホームがあった。かつては、それらのホームから大阪へ、そして九州へと、長距離列車が出発していった。

1964（昭和39）年に東海道新幹線が開業する。当初は少なかった東海道新幹線ホームは、やがて3面6線に拡大していく。この過程で、東海道本線のホームが減った。

1991（平成3）年6月には東北・上越新幹線が東京駅まで延伸することになったが、このときも東海道本線のホームを減らすことで、新幹線ホームを増設できた。

しかし、1998（平成10）年に開催された長野冬季オリンピックを前に、北陸新幹線（当時の名称は長野新幹線）が建設されることになると、JR東日本の新幹線のホームが1面2線では足りない、という状況になった。東海道本線ホームは、もうこれ以上減らせない。

上野駅にホームを増設する案などもあったが、これらは工費がかかりすぎる。かといって、東京駅の丸の内駅舎も保存計画が進み、ホーム増設のために取り壊すことなど不可能だ。

そこで計画されたのが、中央線の重層高架化だった。東海道本線や京浜東北線・山手線が使用するホームをひとつずつ西側に移すというものである。現在の京浜東北線北行・山手線内回りのホームは、かつては中央線が使用していた。

１９９２（平成４）年12月に着工し、１９９５（平成７）年７月には現在のホームへと切り替えられた。さらに関連工事も１９９６（平成８）年11月から行なわれた。新幹線ホームや東海道本線ホームの工事も進み、１９９７（平成９）年10月には現在の姿になる。

東京駅の新幹線ホームが丸の内駅舎側に増えていったため、中央線が現在のホームに押し上げられたかたちになっている。なお、東海道本線のホームは２面４線となったのち、２０１５（平成27）年３月には上野東京ラインができたことで、東京駅での東海道本線の折り返し列車は減った。

東京駅にある中央線のホームが高い位置にあるのは、ＪＲ東日本の新幹線ホームが拡大していったためなのだ。

7章

◉知られざる真相を次つぎ発掘！

中央本線の歴史を知る

中山道経由をめざした巨大幹線構想は、なぜ頓挫(とんざ)した？

東京と京都を結ぶ鉄道をどうするかは、明治政府発足後の国の一大事だった。ルート選定の際、東海道を経由するか、中山道を経由するか、意見が分かれた。幹線鉄道を建設することで、この国のかたちを築き上げるという目論見(もくろみ)があったからだ。

東海道に建設する理由も、当然ながらあった。東海道は多くの人が利用する。「日本近代郵便の父」とされる前島密(まえじまひそか)は、東海道経由を前提として建設費の見積もりを計算させている。

いっぽう、東海道は海沿いであるため海運で間に合うのだから、中山道ルートこそつくる必要があるのではないかという意見もあった。

そんななか、鉄道頭(てつどうのかみ)であった井上勝(いのうえまさる)は、英国人リチャード・ボイルを建設師長とし、専門的な調査を開始した。その結果、ボイルは「東海道は海に面しており、海運を利用できるため、東海道に鉄道を建設する必要はない」とした。

中山道に産業を振興したいと考える人たちも「中山道の交通の劣悪さを改善し、今後の開発可能性が大きい」という理由で中山道経由を井上に進言。井上はこれを踏まえて政府に上申し、1883（明治16）年10月に中山道経由での幹線建設が決まった。

そして、中山道ルートは着工した。しかし横川～軽井沢間にそびえる碓氷峠の66パーミルの急勾配は、蒸気機関車での走行は困難だった。碓氷峠のほかにも、建設が困難な場所が多かった。

その状況を踏まえて井上勝は、みずから中山道ルートの建設予定地を視察したあと、東海道ルートの調査を部下に命じた。その後、1886（明治19）年7月に中山道ルートを断念し、東京と京都を結ぶ鉄道を東海道ルートとすることを決めた。

こうして、中山道ルートでの東西を結ぶ幹線は断念された。このことが、のちの中央本線に結びついていく。

▼「玉川上水の舟運」が中央本線の真のルーツ

中央東線は、おおよそ旧甲州街道とつかず離れずの位置を走っている。むろん、東京都内では中野～立川の一直線区間と、調布市や府中市などの甲州街道沿いとは距離こそあるが、まったくかけ離れたところを走っているというわけではない。

甲州街道は、江戸時代には多摩の産品を江戸に運ぶという役割を果たしていた。石灰石、炭や薪、木材、野菜類、生糸などを江戸に、農業の肥料や魚などを多摩に運ぶために、荷駄（駄馬で運ぶ荷物）や馬車、人力が使用されていた。

中村建治『中央線誕生』（交通新聞社新書）によると、それらを運ぶのに玉川上水を使用したいという考えが、多摩地域の人にはあったという。最初は、飲料水に使用される玉川上水の舟運は許可が下りなかったものの、１８７０（明治３）年４月に解禁された。

玉川上水に沿った村々の有力者は、舟運の出願をし、多くの舟が玉川上水を行き来することになった。また、山梨県で取れたぶどうなども、この舟運で運ばれた。

しかし、玉川上水の管理が国から東京府に移管された１８７２（明治５）年５月30日、この舟運は中止となった。玉川上水が汚れたからだという。また、馬で荷物を運んでいた人たちにとって、舟運は生活の糧を奪うものだった。彼らからの抗議も廃止理由のひとつであった。

それでもこの舟運は、多摩地域から東京の中心への物資の大量輸送のための手段が必要だということを多くの人に知らしめた。

舟運の再開は何度も嘆願され、再開させる試みもさまざまなかたちで行なわれたものの、それらは実現しなかった。

ただ、１８７２年10月に日本初の鉄道が開業したことにより、これを多摩地域と東京の中心を結ぶのに役立てられないか、と考える人たちも現れた。これが中央線や青梅線、五日市線の原型となっていく。

▼中央線の源流となった「甲武鉄道」のプロフィールは？

日本の近代化のために鉄道網の整備が必要な状況であっても、国のお金だけでは鉄道を建設できないような財政状況が、明治時代初期にはあった。西南戦争などに戦費がかかったため、財政は逼迫、インフレが起こった。

そんななか政府は、１８８１（明治14）年8月に「私設鉄道を認める方針」を打ち出した。この年から松方財政が開始され、一気にデフレへと進んでいった。

１８８４（明治17）年4月には、玉川上水での舟運再開をあきらめきれない人たちが、新宿から多摩地区西部の羽村までを結ぶ甲武馬車鉄道を出願した。しかし、採算性に難があったため、八王子方面への需要を求めて１８８６（明治19）年11月に馬車鉄道の免許を認可された。

そこにライバルが出現した。武甲鉄道である。こちらは馬車ではなく、蒸気鉄道で同様の路線を建設することを計画した。

そこで、甲武馬車鉄道も蒸気鉄道へと免許を変更し、１８８７（明治20）年には「甲

1890年代後半の東京近郊鉄道路線図

武鉄道」に社名も変更した。同年には、「幹線の建設も私鉄に許可することがある」とした「私設鉄道条例」も交付された。

「武甲鉄道」と「甲武鉄道」、競合する2社の仲裁に入ったのが、山梨県出身の実業家、雨宮敬次郎（あめみやけいじろう）（次項参照）である。雨宮は武甲鉄道の出願を取り下げさせ、甲武鉄道が中央線のもととなる路線を建設することになった。ここから、雨宮は甲武鉄道に大きくかかわっていく。

そして、国の判断により、甲武鉄道は日本鉄道の一支線として開業することになった。「どうせ甲武鉄道は独力で経営できないのだから、日本鉄道と関係を持つべき」と考えられたのだ。甲武鉄道の社長は日本鉄道の社長が兼任した。この間、甲武鉄道には内紛が起こり、収拾のために雨宮は株を買い占めている。

甲武鉄道は、ようやく新宿を起点とし、中野〜立川間を一直線としたルートで工事を開始する。1889（明治22）年4月には新宿〜立川間が開業、新橋〜新宿間は品川まわりで直通運転となった。また同年8月には八王子へと延伸する。

その後、甲武鉄道は都心への延伸をくり返し、電車運転も行なうようになる。甲府方面への延伸も計画した。

いっぽう、1892（明治25）年6月には、幹線鉄道を国が整備する「鉄道敷設法」が公布され、現在の中央東線も指定された。さらに1906（明治39）年3月には鉄道国有法が公布され、甲武鉄道も10月には国有化された。

雨宮敬次郎らの活躍によって甲武鉄道は発展したものの、日清・日露の戦争を経て、鉄道を公営化するという政府の方針になり、甲武鉄道は中央東線に組みこまれたのである。

甲武鉄道誕生に尽力した雨宮敬次郎って、どんな人物？

「天下の雨敬」と多くの人から呼ばれた雨宮敬次郎。現在でも戦前の「鉄道王」の

雨宮敬次郎

ひとりとして、あるいは「甲州財閥」の主要メンバーとして語り継がれている。

雨宮は1846（弘化3）年に甲斐国牛奥村（現在の甲州市の一部）に生まれる。生家は大きな農家だった。

元服後、雨宮は財産を築いていく。蚕卵紙や生糸などの売買で利益を上げるいっぽう、江戸・横浜・山梨を行き来するなかで商いでも稼いでいった。1876（明治9）年から1877（明治10）年にかけてはアメリカやヨーロッパを外遊し、石油や金銀の売買でも稼いだあと、実業経営に乗り出す。

1879（明治12）年に製粉事業を開始し、軽井沢の開発も手がけた。製粉事業は官営の製粉所の払い下げを受け、現在の日本製粉となった。いっぽう、山梨県にぶどう栽培を普及させ、ワイン醸造も塩山・勝沼で広がっていった。

雨宮は鉄道事業にも熱心に取り組んでいく。甲武鉄道だけではなく、豆相人車鉄道、北海道炭礦鉄道、川越鉄道、大師電気鉄道、東京市街鉄道、江ノ島電鉄などの経営にもかかわった。また、ふるさと山梨県の山梨軽便鉄道の経営にも参加する。

そして「大日本軌道」という軽便鉄道会社を経営し、各地の軽便鉄道の運営を担う(にな)ことにもなった。

雨宮は事業をさらに広げる。雨宮鉄工所を設立し、車両メーカーとなった。「日本鋳鉄会社」という製鉄所も設立した。水力発電事業も手がけるなど、インフラにもかかわった。

こうして、事業家として有名になった雨宮は「天下の雨敬」として知られるようになる。明治時代の起業家のリーダー的存在ともなり、東京商品取引所の理事長にもなった。

甲武鉄道の発展に尽力し、若尾逸平(わかおいっぺい)と共に甲州財閥の中心人物だった雨宮が亡くなったのは、1911（明治44）年1月のことである。

中央本線に「御殿場発」の計画があったって本当？

甲武鉄道が八王子まで到達する前後、山梨でも鉄路を求める動きがはじまっている。甲州財閥の中心人物、若尾逸平は1887（明治20）年6月に御殿場(ごてんば)から甲府までの「甲信鉄道」を出願していた。

同じく甲州財閥の中心人物だった雨宮敬次郎も1889（明治22）年3月に八王

子から甲府までの「山梨鉄道」を出願する。

しかしどちらも、ルートの困難さや資金不足で、計画を断念した。そんななか、中央本線を政府の手により建設してほしいという期待が、山梨県民から高まっていった。

当時、山梨県の国中地域（山梨県の中・西部）の人たちは、鉄道ができる前は笹子峠を越えるか、大菩薩峠を越えるか、あるいは富士川舟運で東海道経由というルートしか、東京や横浜に出る手段がなかった。

若尾逸平にせよ、雨宮敬次郎にせよ、そのルートを行き来してビジネスを行なっていた。そんななか、1891（明治24）年11月に甲府で「鉄道期成同盟会」が結成される。

中央本線のルートはさまざまな案があったものの、八王子発か御殿場発に絞られた。1892（明治25）年6月に公布された鉄道敷設法では、八王子もしくは御殿場を起点とし、甲府を経て下諏訪へと向かう鉄道が盛りこまれた。この2案のどちらを選ぶかという議論は白熱した。

八王子発は距離87キロメートル、最急勾配は25パーミル、工費は1145万円、利益は25万円と試算された。御殿場発は距離77キロ、最急勾配66パーミル、工費5

甲信鉄道と山梨鉄道の敷設計画図

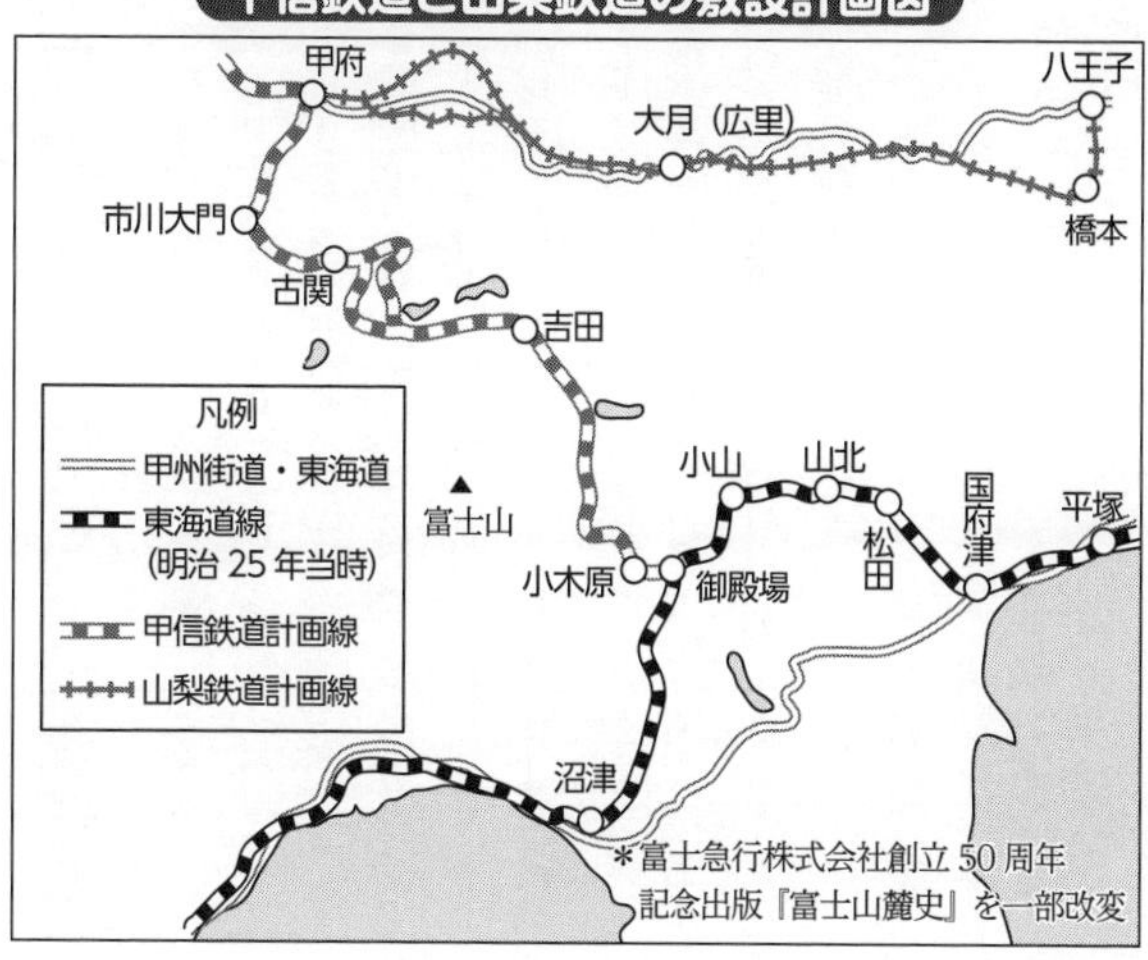

78万円、そして利益は13万円だ。その結果、工費はかかるものの、勾配が抑えられ、開業後の利益も多く見込める八王子発の案が採用されることになった。

八王子発の案を推したのは、若尾逸平だった。八王子のほうが、東京との距離が近いということ。そして軍部からは、海に近い御殿場発着より、海に面さない八王子発着がよいということを要請されたという。

こういった論争ののち、1894（明治27）年には、八王子起点の案が国会を通過した。その流れのなかで、現在のルートが定まっていったのだ。

▼中央西線はなぜ、木曽谷を経由することになった？

中央本線のルートを決める際、木曽谷を通るか伊那谷を通るかで、激しい誘致合戦がくり広げられたことはよく知られている。

1891（明治24）年10月、地元選出の国会議員、伊藤大八が伊那谷への誘致運動を開始する。伊那谷は食糧の産出も豊富で経済的に有利、いざというときの人の徴発も可能であり、軍事的にも有利ということを主張した。

いっぽう同じころ、木曽地方では、東西の筑摩郡で「鉄道布設同盟会」を組織し、こちらも地元選出の国会議員・小里頼永を中心に運動を進めた。木曽線は中山道経由の幹線鉄道が計画された際に外国人技師が踏査しており、伊那谷経由よりも距離が短いと主張。鳥居峠以外は勾配が緩やかであることも指摘した。また、飯田〜名古屋間は難路であるとした。

このあたりの議論もあり、鉄道敷設法では、どちらの路線を選ぶかは決定しないままでいた。それゆえに、鉄道誘致をめぐる論争はさらに過熱していく。

伊藤も小里も、共に板垣退助の自由党に所属していた。そのため、どちらの路線を採用するかは、党内でも議論になった。当然、どちらも自身の地盤に線路を引くべく、自陣営に有利な点を訴え、相手の問題点を指摘する。

板垣退助は議会での党議拘束をかけず、どちらの案にするかは自主投票とした。伊藤大八はその後、自由党を離党する。

そして、木曽谷への誘致を訴える側は攻勢を強めていく。伊那谷には河川が多く、濁流(だくりゅう)などによって線路が破壊される可能性を指摘し、飯田から名古屋方面に向かうトンネルはどうするのかということも課題にしてきた。

いっぽう、木曽谷ルートは運ぶものが材料しかなく、人口が少ないという意見も出て、議論は全面対決の状況になった。接待合戦もさかんになる。

1892(明治25)年、3つのルートが鉄道会議で検討された。現在の中央本線である木曽ルート、諏訪・飯田から清内路(せいないじ)峠を越えて中津川へ向かうルート、飯田までは同じでも三河地域を経由するルートである。

しかし、清内路峠は66パーミルの勾配があり、アプト式での路線敷設が必要になってくる。三河経由でも途中に33パーミルの急勾配区間がある。しかも、この2ルートは工費がかかり、有事の際の輸送力などの問題も抱えていた。

結果として、鉄道会議は木曽ルートという答申を出した。しかし、伊藤大八が政治工作を行ない、鉄道比較線委員会で清内路峠ルートを決める。

それでも、まだ終わらなかった。１８９３（明治26）年の衆議院本会議では陸軍次官・児玉源太郎がこの案に反対する。その状況で緊急動議を島田三郎が出し、継続審議となった。

結局のところ、１８９４（明治27）年の鉄道比較線委員会で木曽ルートが決まり、衆議院本会議でも可決された。伊那谷経由の場合、途中でアプト式が必要になるということがネックとなって、木曽谷経由と決まったのである。

急勾配克服のために生まれた「スイッチバック駅」

中央本線、とくに中央東線は山あり谷ありの路線であり、勾配をどう克服するかが課題とされていた。そして、急勾配の路線において、勾配区間に駅を設けたり、また行き違いを行なうための施設を設けるために、スイッチバックが設置された。

スイッチバックの駅で、現在は施設が廃止されているのは、笹子・勝沼ぶどう郷（廃止時は勝沼）・韮崎（にらさき）・新府（しんぷ）（廃止時は信号場）・穴山（あなやま）・長坂・東塩尻（現在の東塩尻信号場）である。

笹子は、本線は通過可能な構造であったものの、駅を設けるためにスイッチバックを設置した。折り返し線とホームの線路があり、その双方を使って列車は停止し

1970年に廃止された韮崎駅のスイッチバック

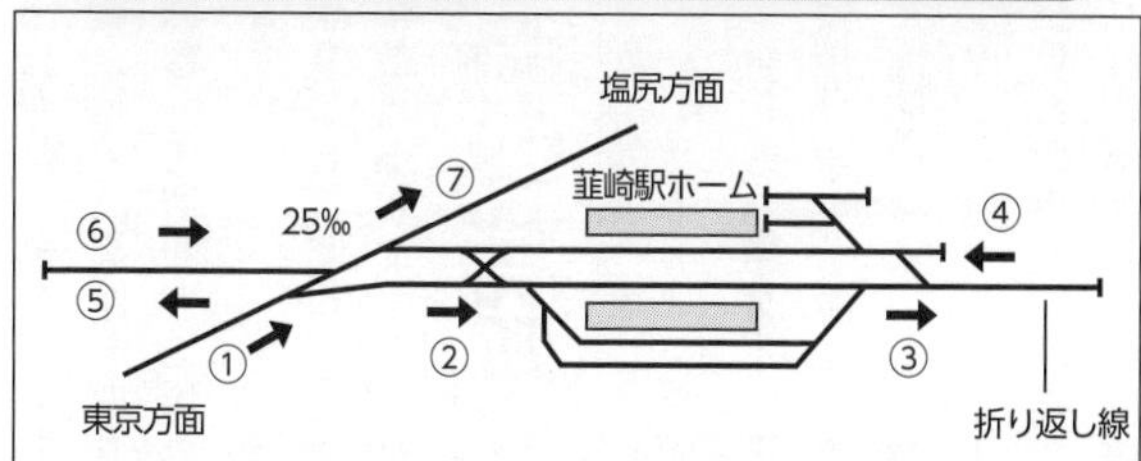

東京方面から来た列車は、いったん折り返し線に入り（図内②）、駅ホームに停車（通過）したあと、後ろ向きに折り返す（図内③と④）。そして、ホームを通過して別の折り返し線に入ったあと本線へ戻り（図内⑤と⑥と⑦）、25‰（＝パーミル。1000メートル進んだとき25メートル上がる）の勾配を上っていった。

た。勝沼も同様の構造である。

笹子は1966（昭和41）年12月に複線化にともないスイッチバックを廃止、勝沼も1968（昭和43）年8月にスイッチバックを廃止した。笹子は開業当初から存在していた駅だが、勝沼は信号場から昇格した駅だった。

韮崎は通過不能なスイッチバック駅だった。下り列車はホームに入ってその後折り返し線に入り、再度折り返して先へ進む。上り列車はその逆だ。

『鉄道ピクトリアル』（電気車研究会）2007年6月号の「回想 中央本線のスイッチバック停車場」によると、本線が車止（くるまどめ）標識まで500メートル近くあったという。韮崎の市街地は八ヶ岳の火山噴出物が長く延びて「七里岩」と呼ばれてきた台地が尽きる、急な崖に接している。その台地上に線路を取りつけるには、市街地のかなり手前から築堤をつくって高度を稼ぎ、市街間近に停車場を設けるスイッチバック式にするしかなかったのだという。

１９７０（昭和45）年9月に現在の位置にホームを移転、スイッチバックは解消された。25パーミルの勾配上にある島式ホームだ。

新府は１９４５（昭和20）年に信号場としてスイッチバックが設けられ、１９４９（昭和24）年12月から、信号場でありながら客扱いをしていた。輸送量増強のために列車交換施設としてできた信号場だった。下り列車が加速するために折り返し線に入り、上り列車は勾配上で停車、そのまま坂を下っていった。１９７０年9月に複線化のためスイッチバックは廃止され、１９７２（昭和47）年に駅になった。

穴山は中央本線開業当初はなかったが、１９１３（大正2）年8月に駅を開設すると同時にスイッチバックが設けられた。ここはホームを設置するためにスイッチバックにした。１９７１（昭和46）年9月にスイッチバックはなくなる。

長坂も中央本線開業後に設けられた駅で、１９１８（大正7）年12月に開業した。１９６６年3月に複線化した際にも、スイッチバック構造は残された。１９７１年

9月に本線の25パーミル勾配上でのホーム使用が開始され、貨物はスイッチバックホームでの扱いが続いたが、翌72年2月に貨物扱いがなくなり、スイッチバックは廃止となった。

東塩尻は勾配途中の行き違い設備のために1939（昭和14）年7月に設けられた信号場で、1949（昭和24）年10月から客扱いを開始、1983（昭和58）年7月まで続いた。信号場自体も同年10月に廃止となる。塩嶺トンネル経由ルートが新設され、そこにみどり湖駅が登場したからだ。

いまなおスイッチバックが残っている駅がある。初狩だ。ここは貨物列車が使用するための駅であり、貨物のみがスイッチバックをする。旅客列車は勾配上のホームを使用する。

中央線の複線化に加え、鉄道車両の性能も向上して急勾配での停車や発車ができるようになったため、スイッチバックは解消されたのである。

五日市線・青梅線は「旅客二の次」で開通した

中央線の立川から分岐する路線として、青梅線がある。さらに拝島からは、五日市線が分岐していく。玉川上水の舟運の項目でも触れたように、中央線は旅客だけではなく、多摩の産品を輸送するという役割を果たす路線でもあった。

五日市線は、浅野セメントなどを傘下に持つ浅野財閥の五日市鉄道により、1925（大正14）年4月に拝島（仮）～五日市（現在の武蔵五日市）間が開業した路線である。五日市から武蔵岩井までの支線は同年9月に開業した。なお、この支線は現在では廃止されている。

現在の五日市線があるエリアに有力な石灰石の採掘場があり、そこで浅野財閥が輸送のために鉄道を敷くことになったのだ。

五日市鉄道は、拝島からさらに立川へ向かおうとする。現在の青梅線とは別に路線を建設し、南武鉄道（現在のJR南武線）に連絡した。石灰石に加え、砂利や材木の輸送なども行なわれるいっぽうで、旅客輸送も行なうという状態だった。

青梅線は、青梅鉄道により1894（明治27）年11月に開業した。こちらも、石灰石が沿線から産出されていた。青梅鉄道も浅野財閥系の鉄道会社である。

青梅鉄道には、浅野セメントの専用線と接続する多くの接続所が設けられ、そこから青梅鉄道を介して石灰石が京浜エリアの工業地帯へと運ばれていった。

1929（昭和4）年5月には青梅電気鉄道に社名変更、9月1日には御嶽まで延伸された。

御嶽から氷川（現在の奥多摩）までは、奥多摩電気鉄道による開業をめざしたが、未成線のまま1944（昭和19）年4月に五日市線とともに国鉄に買収された。氷川までの延伸がかなったのは買収後のことだ。奥多摩電気鉄道は社名を変え、石灰石の採掘を行なう会社として現在も残っている。

五日市線や青梅線は、現在は貨物の見られない路線だが、もともとは貨物輸送のためにつくられた路線であり、日本の近代化に貢献した路線でもあるのだ。

中央本線の存在が、多摩地区を東京に移させた?!

多摩地域は多摩川により、もともとは現在の神奈川県と近い関係にあった。明治初期に府県制が実施されたときも、現在の多摩地域は神奈川県とされていた。幕末以降、養蚕業がさかんになったとき、海外への輸出商品として生糸が八王子から横浜に運ばれるようになり、このエリアの一体感は強まっていた。

だが、多摩地域は玉川上水がある関係上、東京圏との関係も深かった。玉川上水は一時、舟運に利用されたこともあったが、甲州街道も東京と多摩を結ぶ道路として多くの人が利用していた。

政府内部では、首都の水源地確保を理由として、多摩地域を東京府の管轄にしたいという考えがあった。しかし、このときは神奈川県の反対が大きく、実現しなかった。

ところが、1880年代中ごろのコレラ流行により、東京府による水の衛生管理が必要になった。それゆえ、多摩地域を東京にという考えは強くなった。

いっぽうで、当時の政府は自由民権運動の高まりにも頭を悩ませていた。多摩地域は自由党の活動がさかんで、神奈川県議会では大きな力を持っていた。そんななか、神奈川県知事は多摩地域の東京府移管を申し入れた。自由民権運動を分断するためである。

もちろん、地域の自由民権運動の壮士たちは大規模な反対運動を行なった。地域では大きな混乱も生じた。

混乱のなか、1889（明治22）年4月に甲武鉄道の新宿〜立川間が、同年8月に立川〜八王子間が開業すると、多摩地域と東京の経済的な結びつきが強まっていく。多摩地域の東京移管は帝国議会でも議論され、反対も大きかったものの、1893（明治26）年4月に多摩地域は東京府へと移管された。

たしかに、中央本線が多摩地区を東京に移管させるほどの存在にはなっており、経済的に東京中心部との距離を縮める役には立ったといえる。ただし、中央本線よりも水資源や自由民権運動などの事情があり、それらがあわさって影響したというのが、妥当ではないだろうか。

消えた中央本線の支線①…武蔵野競技場線

太平洋戦争が終わるまで、三鷹駅から少し離れたところに中島飛行機という会社があった。この会社は、現在の武蔵野中央公園の地に工場を保有していた。

1945(昭和20)年に戦争が終わり、軍需産業だった中島飛行機は解散した。その後、中島飛行機の元従業員たちの団体による企業が米軍より土地の払い下げを受け、この地に野球場をつくることにした。

当時、プロ野球の公式戦は後楽園球場で開催されていたが、神宮球場は進駐軍に接収されており、野球場が足りずに困っていた。

そこで、この地に武蔵野グリーンパーク野球場をつくることになった。この球場で、プロ野球や大学野球の試合を行なう予定だった。

この球場は三鷹駅から離れていたため、観客の輸送には中島飛行機の工場への引込線を使用することにした。そして、1951(昭和26)年4月に、中央本線の支線として三鷹〜武蔵野競技場前が開業した。

短命に終わった武蔵野競技場線

こけら落としの試合は、東京六大学野球の春のリーグ戦だった。なお、駅と路線の開業日は、リーグ戦の開始日だった。

国鉄は１９５０（昭和25）年に国鉄スワローズ（現在の東京ヤクルトスワローズ）を立ち上げ、プロ野球にも力を入れていた。武蔵野グリーンパーク野球場はプロ野球にも使われ、初開催はこけら落としの１か月後、５月の国鉄スワローズと名古屋ドラゴンズ（現在の中日ドラゴンズ）の対決だった。

だがこの球場は、球場のコンディションや設備の悪さ、都心からの遠さ、また神宮球場が接収から解除されたことなどにより、１９５１年しか野球場として使用されなかった。

運営会社は１９５３（昭和28）年に解散し、球場自体も１９５６（昭和31）年に解体された。１９５９（昭和34）年11月には駅も廃止となる。野球場は首都圏に増えていき、球場不足はすでに解消されていた。

野球場のあった地やその周辺は、現在、公園や団地、企業の研究施設などが集積（しゅうせき）している。支線として残しておいたなら、いまでは有効に活用できたのではと考えられるものの、球場ができた時代はまだ人の少ないところであった。線路の跡地には遊歩道が整備されている。

▼消えた中央本線の支線②…下河原線

府中にある中央競馬の競馬場が「東京競馬場」だ。もともと、目黒にあったものが手狭（てぜま）になったために、現在の地に1933（昭和8）年に移転してきた。競馬場の収容人数は大きく、多くの路線がアクセス路線となった。

既存の路線を活用したのは、南武線の府中本町である。京王線の府中や東府中からアクセスする人も多かった。

競馬場開設の際に着目されたのは、1910（明治43）年に開業し、1921（大正10）年に廃止された東京砂利鉄道（後年に国有化）された線路の跡地である。この線路跡を使って、1934（昭和9）年4月に中央本線の支線として国分寺から下河原（しもがわら）線が電化路線として開業した。東京競馬場前駅も設けられ、開業当時は競馬

砂利も人も運んだ下河原線

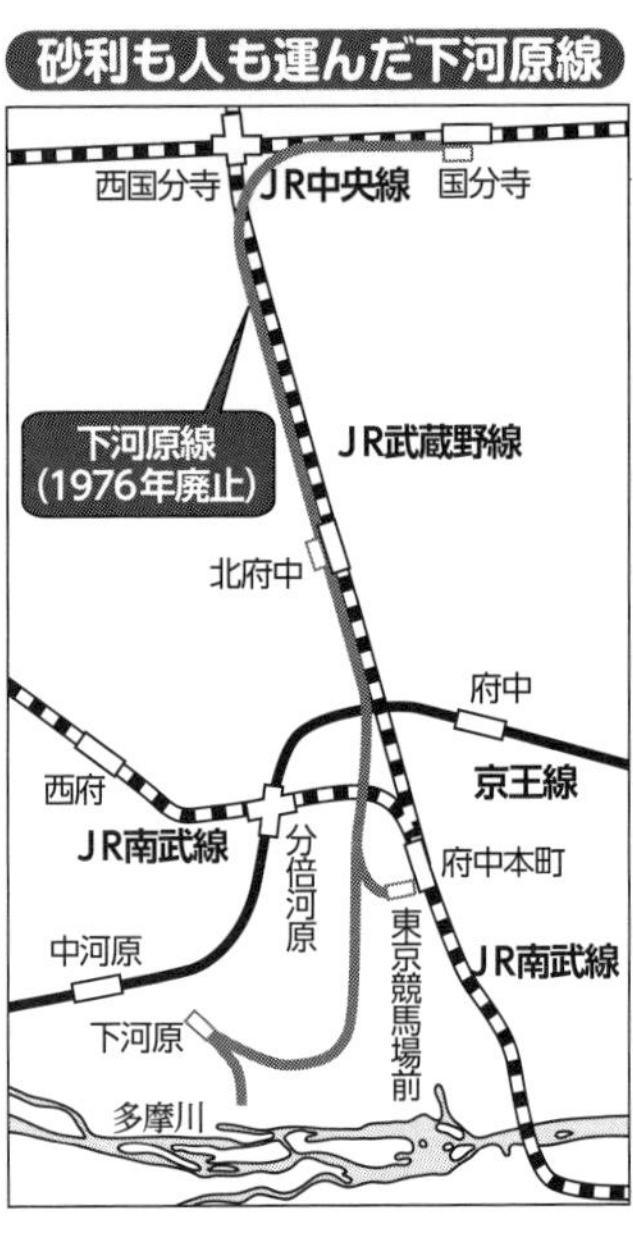

が開催される日のみ運行していた。同年11月に途中に信号場を設け、戦時中に競馬場への路線が運休した際にも、信号場近くの工場への通勤輸送に利用された。

1947（昭和22）年4月に運転が再開される。なお、東京競馬場での競馬は1946（昭和21）年10月に再開していた。

1949（昭和24）年1月には信号場が正式に仮乗降場になり、また同年には毎日運行されるようになった。1956（昭和31）年には信号所は北府中駅となる。この北府中は、現在も武蔵野線の駅として存在している。

その後、1973（昭和48）年3月末をもって運行終了、4月1日に廃止となる。4月より、武蔵野線が府中本町に乗り入れるようになり、これまで下河原線を使用していた競馬ファンや地元の人たちは武蔵野線を使用することになった。

また、東京競馬場へのアクセス路線にも変化が起きていた。1955（昭和30）年に京王電鉄の競馬場線が東府中～府中競馬正門前で開業し、競馬場へのアクセスは大きく向上した。この駅は東京競馬場のすぐ近くまでアクセスできる。

下河原線は、武蔵野線が誕生したこと、そして、東京競馬場前は府中本町よりも若干競馬場から遠かったことから、廃止となったのもしかたがないと考える。また、京王が都心からのアクセス路線として競馬場線を設け、利便性が向上したというのも大きい。

木材輸送の近代化を担った森林鉄道と中央西線

中央本線を木曽谷経由に誘致する際に、誘致を訴えた人たちは、木曽の豊富な木材を鉄道で輸送するということをアピールしていた。木曽谷は木材が多く産出される地であり、中央本線はありがたい存在であった。

中央本線ができる前は、道路での木材輸送は行なわれず、木曽川に木材を流すというかたちで運搬が行なわれた。人力、もしくは水力を用いて木材は運ばれた。

鉄道ができたからには、森林にも鉄道と連絡する小規模な森林鉄道を敷設（ふせつ）したいと考えるのが自然な流れだ。当時は林道もトラックも充実していなかったのだから。

１９１６（大正５）年、長野営林局上松（あげまつ）運輸営林署管内で、王滝（おうたき）・小川森林鉄道の運営が開始された。中央本線には上松で接続していた。

木曽のこの地はヒノキの美林として知られ、木材の産出量は多く、木曽エリアには巨大な森林鉄道網ができていた。「運輸営林署」があったのは、上松以外には青森だけである。

上松を起点とし赤沢に至る路線がこの森林鉄道のはじまりであり、この途中の鬼淵から分岐する路線も１９２３（大正12）年に敷設された。路線の延長や分岐があいつぎ、巨大な森林鉄道網となっていった。

木材だけではなく、子どもの通学のための輸送なども行なわれていた。ダイヤがしっかりと組まれており、多くの車両を使用していた。

当初は蒸気機関車を中心に貨車を牽引（けんいん）していたが、のちにディーゼル機関車が中心となっていく。森林に細かく張りめぐらされたネットワークで木材は上松に運ばれ、そこから全国各地へと鉄道輸送され、建築物などに使用された。

この森林鉄道は、１９７６（昭和51）年に廃止された。

＊本書の情報は２０２２年6月現在のものです

◉参考文献

中村建治『中央本線、全線開通！』『中央線誕生』（以上、交通新聞社新書）
竹内誠・古泉弘・池上裕子・加藤貴・藤野敦『県史13 東京都の歴史』（山川出版社）
小林和生『鉄道王 雨宮敬次郎 ど根性一代』（東洋出版）
寺本光照『国鉄・JR列車名大事典』（中央書院）
三善里沙子『中央線の呪い』（扶桑社文庫）
三善里沙子『中央線なヒト』（ブロンズ新社）
朝日新聞東京総局『中央線の詩』上下巻（出窓社）
川島令三『山梨の鉄道』（山日ライブラリー）
西裕之『全国森林鉄道』（JTBキャンブックス）
「旅と鉄道」編集部編『JR路線大全Ⅳ 中央・関西・紀勢本線』（天夢人）
『時刻表完全復刻版1964年10月号』（JTBパブリッシング）
『時刻表復刻版1968年10月号』（JTBパブリッシング）
『時刻表復刻版1978年10月号』（JTBパブリッシング）
『時刻表完全復刻版1988年3月号』（JTBパブリッシング）
『JTB時刻表2011年3月号』（JTBパブリッシング）
『JTB時刻表2022年3月号』（JTBパブリッシング）
『MYLINE東京時刻表2022 首都圏大改正号』（交通新聞社）
『2022 貨物時刻表』（鉄道貨物協会）
『鉄道ピクトリアル』2007年6月号（電気車研究会）
他、『東洋経済オンライン』『マイナビニュース』『ITmediaビジネスオンライン』『乗りものニュース』『Yahoo!個人』などの記事、JR東日本やJR東海のプレスリリースも参考にさせて頂きました。

KAWADE 夢文庫

JR中央本線 知らなかった凄い話

二〇二一年 八 月三〇日 初版発行
二〇二一年一〇月三〇日 2刷発行

著 者……小林拓矢
企画・編集……夢の設計社
東京都新宿区山吹町二六一〒162-0801
☎〇三―三二六七―七八五一（編集）

発行者……小野寺優
発行所……河出書房新社
東京都渋谷区千駄ヶ谷二―三二―二〒151-0051
☎〇三―三四〇四―一二〇一（営業）
https://www.kawade.co.jp/

装 幀……こやまたかこ
印刷・製本……中央精版印刷株式会社
DTP……株式会社翔美アート

Printed in Japan ISBN978-4-309-48589-8